U0124362

大理

旅行邂逅文艺范儿

《旅游圣经》编辑部 策划　小爱 著

北京出版集团公司
北京美术摄影出版社

图书在版编目（CIP）数据

旅行邂逅文艺范儿. 大理 / 小爱著. — 北京 ： 北京美术摄影出版社，2017.7
ISBN 978-7-80501-993-2

Ⅰ．①旅… Ⅱ．①小… Ⅲ．①旅游指南—大理白族自治州 Ⅳ．①K928.9

中国版本图书馆CIP数据核字（2017）第022800号

责任编辑：董维东
特约编辑：王 华
助理编辑：夏 叶
责任印制：彭军芳

旅行邂逅文艺范儿　大理
LÜXING XIEHOU WENYI FANR　DALI

《旅游圣经》编辑部　策划　小爱　著

出　版	北京出版集团公司
	北京美术摄影出版社
地　址	北京北三环中路6号
邮　编	100120
网　址	www.bph.com.cn
总发行	北京出版集团公司
发　行	京版北美（北京）文化艺术传媒有限公司
经　销	新华书店
印　刷	北京方嘉彩色印刷有限责任公司
版印次	2017年7月第1版第1次印刷
开　本	700毫米×1000毫米　1/16
印　张	18
字　数	202千字
书　号	ISBN 978-7-80501-993-2
定　价	69.00元

如有印装质量问题，由本社负责调换
质量监督电话　010-58572393

序
PREFACE

　　十多年前，当大多数文艺青年都还热衷在丽江古城里扎堆弹吉他和约妹子的时候，我已义无反顾地成为大理的脑残粉，每年的旅行清单上总会有一个礼拜以上的时间留给大理。在大理的日子，闲适而慵懒，不必做任何的旅行计划，只需要完完全全把自己当作一个大理土著，每天咬着喜洲粑粑，穿着懒人鞋，在那时还寂静无人的人民路下段各条小巷里随意瞎逛，就能享受到最纯正的大理幸福岁月。

　　"大理究竟哪里吸引你？"朋友们总是这样追问我。事实上，我似乎确实无法用准确的语言回答这个问题。

　　可以骑马上苍山，可以在洱海边吃烤蚌，客栈便宜得让人偷笑，有最新鲜的云南小粒……我用上自己全部的手指头和脚指头都数不清大理吸引我的原因。使尽浑身解数后我终于总结出一点——大理最大的魅力在于住在大理的人。

　　在大理古城闲居的日子，最有趣的是一大早起床，跟着白族阿妈一起到菜市场逛集市。装作熟稔的姿态混迹在当地人中，见识别处看不到的本地特色，与摊主们砍砍价，是感受大理本土人文氛围的最好方式。逛完早市，便可以去寻觅文艺范儿浓郁的店铺，与老板们聊天交朋友。那些从世界各地搬到大理的新移民，都是有着自己独特人生经历的妙人儿，听他们讲述过去的故事和人生哲学，是大理旅行中的额外收获。

　　即便荏苒时光中如今的大理已改变了当年的模样，但这些在大理开着咖啡馆、客栈、餐厅的老板们依旧保持着"大理人"必有的文艺情调与价值姿态。

站在过客的视角欣赏他们的人生,仿佛在翻阅一部部无字的书,从中领悟语言难以传达的境界,这是我在大理旅行中独一无二的感悟与最难忘的美妙体验。

"你这么熟悉大理,那推荐一些特别的景点给我们吧!"朋友们总是这样对我说。

这个看起来似乎很简单的问题,却让我伤透脑筋,也无法回答。原因是在我的心中,大理从不以什么特别的景点著称。这里的每一家客栈、每一个咖啡馆、每一座书店、每一条小巷都是独一无二的景点。从日出到日落,在大理的每一分钟都是漫步在特别的景点里,吃饭、睡觉、闲逛、看书、泡吧,对于大理的旅人来说,不过是移步换景——每一个生活的细节,都是与众不同的风景。因此,每个热爱大理的旅人都有自己收集的无法复制的景点:某座咖啡馆里的旧椅子、某个爱讲笑话的客栈老板、某张自己拍摄的明信片……一份专属的记忆就是一片私密的风景,每个人心中都有一张只属于自己的大理景点地图。

在这本书里与大家分享的,正是我心中珍藏的关于大理最美的私密风景,那些年、那些人、那些事,欢迎光临"夏洛克式记忆宫殿",敬请各位自由参观。

小 爱

目录
CONTENTS

人民路下段

古城的灵魂在歌唱

有人说，这里是古城的灵魂所在。每天一到午后，闲居在人民路下段的街边艺术家便纷纷走出家门，或是在屋檐下弹着吉他，唱着属于自己的歌谣；或是铺开包袱，席地而坐，一言不发地开始制作自己拿手的手工艺品。在这条狭长的小路上，深呼吸一口，连空气里都是文艺的芬芳。

栖居客栈的阳光是老大理了，想了解古城的历史找他准没错；而秦滇别院的朱老板，则准备了最奢华舒适的房间给旅途中的完美主义者。传说中最好喝的玫瑰奶茶在胖丁家，许多人不知道的秘密是喜书的阁楼上珍藏着独一无二的藏区葡萄酒。最美的后院藏在天堂时光书店，最舒适的房间则在薄荷糖咖啡的二楼。若喜欢浪子的气息，就不能错过午夜时分的深夜食堂；若迷恋家常的温暖，就去寻找藏在广武路上的花时间私房菜。如果说"引"手工是现代艺术的展览馆，那莲雾杂货一定是童年时光的博物馆。

栖居精品度假客栈
——永远的文艺时光

阳光已不是阳光少年，70后的他有几分岁月沉淀下来的沧桑，然而他性格里依然跃动着强劲的生命力，如他12年前毅然决然奔赴云南时一样。

小花看上去温柔贤惠，不过初识阳光那年的小花，俨然还是个叛逆的少女，带着对爱情的执着千里迢迢来到阳光的身旁。

栖居是属于阳光和小花的家，不熟悉他们的人，只会简单地感受到这里的舒适与温暖。了解他们故事的人，才懂得，如今他们平淡如水的生活背后有着那一代文艺青年永远的情怀。

◆ 客栈特色

- ◆ 房间很宽敞，卫生间干湿分区
- ◆ 精致漂亮的白族院落，有花有鱼
- ◆ 第一层每个房间门口都有独立的观景休息处
- ◆ 丰盛的自助早餐

房子很新人很老

栖居精品度假客栈是阳光和小花在2014年新盖的，是他们在大理的第二家客栈，是另一家客栈"天涯驿站"的升级版。

栖居的院子不算很大，但视野开阔，精致漂亮，四处都是小花精心照顾的花草，花草深处藏着鱼池。一楼的每个房间门口都有一个独立的空间，放着沙发与茶几，正对客栈的小花园，供住客午后或是傍晚时喝茶聊天。而二楼则有两个很大的露台，放着宽敞的长沙发和舒适的躺椅，可以晒太阳，也可以望星空。房间很宽敞，设计素雅简洁，有大衣柜，卫生间干湿分区，洗澡水又热水量又大，一切都有居家的舒适感。

阳光不是真老，他只是来大理九年了，是货真价实的老大理。他穿紧身白T恤和牛仔裤，戴着一副黑边眼镜，12年前就在丽江开店，会唱歌，会吉他和手鼓，以致最初我

二楼的观景平台

以为他以前是酒吧歌手。

阳光有一种洒脱随意的浪子气质，当得知他曾是一名历史老师时，我颇为诧异。青春年少时的阳光热爱户外徒步登山，当年厌倦了学校里的生活，于是辞职到丽江先后开了一家客栈和一家户外用品商店。

活泼外向、口才又好的阳光，获得了许多徒步爱好者的喜爱，他的客栈和商店很快发展了起来。不仅如此，美丽的少女小花也是由于种种机缘，放弃长沙的工作来到了他身边，这一陪伴就是近十年，早已成为他的妻子。

阳光和小花成为第一批将客栈从丽江搬到大理的人，他们那时的客栈在古城南门的博爱路上。时光辗转，2014年栖居的诞生或许标志着曾经轻狂不羁的浪子阳光已经成长为一个祥和、安静的居家男人，陪伴着小花在风花雪月的大理过着平淡的日子，不离不弃。

$\dfrac{1}{2}$ 1. 简约风情的房间   2. 自然清新的房间布置

岁月如梭情怀不老

虽然阳光早已将心安定在客栈里，可是依然常常有过去户外徒步登山的朋友来找他叙旧。

因此，栖居里不时有聚会，南来北往的户外爱好者都是栖居的过客。那天阳光做了野生菌火锅招待一帮潮汕来的朋友，为他们第二天的登山计划提建议。小花细心地准备了松茸刺身，味道鲜美。

晚饭后，一帮人聚在一起烤牛肉，其中有人曾是歌手，弹起吉他唱起了当年的老歌，悠扬的歌声在夜色里回荡，触动了每个人心里对过往岁月的追忆。阳光拿过手鼓，跟着歌手的节奏伴唱起来，一帮老男孩的情怀感染了每一个在座的年轻人。

那些过往的青春岁月、那些旧日的古老旋律，在栖居里久久缭绕，让人唏嘘。

阳光还有门好手艺，会做烤全羊，运气好的客人会被邀请去吃烤羊肉，这也是熟客们每次住栖居最大的渴望。

在栖居里被客人们赞美最多的并不是热情的阳光和贤惠的小花，而是保洁阿姨。栖居的阿姨做卫生特别细致，整个客栈被她打理得很干净，在许多细节上都做到了尽善尽美。

栖居对于细节的在意并不仅仅体现在卫生上，点点滴滴不经意的地方都能感受到主人贴心的关怀，好比傍晚时分出现在客栈大厅柜子上的一大筐随意自取的李子，那是小花给客人准备的当季水果。

每天小花会准备水果免费提供给住店客人

夜色中的栖居

时光如水文艺永恒

栖居的位置在人民路下段的一条小巷子深处，夜晚时分四周格外宁静。阳光拿出一瓶德国朋友酿的黑啤，兴致勃勃地同我们聊了他和小花的故事。

"我无比幸运，遇到小花这样一个女人。"微醺的阳光说得很真诚，而这时的小花已在房间早早入睡，并未听到阳光这番感人肺腑的表白。

院子里的植物一角

阳光说，那一年小花陪他徒步进山，他背70斤的行李，小花就背40斤。看着小花瘦弱的肩膀上沉甸甸的背包，他突然就明白了什么是爱情。

"那时候的她还是个孩子，有几次在酒吧喝得酩酊大醉不省人事，我把她扛在肩膀上带回家。"阳光回忆这些画面时唇角带着微笑。

如今的小花却是滴酒不沾，她留给栖居客人的印象是一位安静沉默的贤惠女子，成日在厨房里忙着，一大早就会起床给每位客人做早餐，难以想象曾经的叛逆少女的模样。

小花做的早餐是栖居的招牌。早餐是自助形式的，品种不算丰盛，但品质很好。简单的烤面包配果酱、熬好的白粥配各种小菜、新鲜的水果玉米都让人食指大动，最值得推荐的是小花亲手煮的米线，远比大部分米线店做得更出色。

无论是当年负重入山，还是现在洗手做羹汤，都是小花对阳光最深沉的爱，而阳光回报她的，正是栖居这样一家温暖的客栈。

阳光和小花早已不是当年青春飞扬的模样，但他们用生命经历过的那些文艺岁月，永恒地融入了栖居的气质当中，成为爱情的沉淀。

📍 客栈资讯 ————————————————————————

地　　　址：大理市古城人民路下段"外婆的猫猫果儿"客栈旁边巷子进100米

电　　话：0872-2680873

预订方式：网络/电话

房间价格：300～700元

秦滇别院
——致完美主义者

秦滇别院一号院在人民路下段一个小巷的路口，门面很小，不显山不露水，走进去才发现门后竟别有洞天，里面的精致细节与奢华感受让人惊喜万分。

新建的二号院位置更私密，房间及公共空间的设计都接近于五星级假酒店的规格，舒适程度在大理古城里可算是首屈一指。

两位老板是发小，都是陕西人，在咸阳长大，有着浓厚的古镇情结，秦滇别院讲述的是陕西人在大理创造的传奇故事。

◆ 客栈特色

- ◆ 房间硬件设施配置高，卫生间十分宽敞
- ◆ 为多人出游配备了美式乡村田园风的公共客厅
- ◆ 观景平台开阔舒适，人均面积大
- ◆ 轻奢私密的度假酒店风格明显

享乐主义者的作品

朱老板很年轻，法律专业出身，曾经在检察院做公务员。可惜，一板一眼有规律的工作模式不适合朱老板的天性，辞职后的他在西安开了一家酒吧。他天生是个享受主义者，满世界旅行时对住宿要求极高，也就无意识地学到了各种五星级酒店的细节讲究。

在大理古城开这家秦滇别院对朱老板来说是一件不在计划中的事，事实上是朱妈妈旅行来到大理后爱上了这里的生活环境，决定在这边养老。孝顺的朱老板为了让朱妈妈住得舒服，索性开了秦滇别院。他从来没有学过设计课程，但有过帮人做装修的经验，于是也就不请设计师，自己买来一堆设计书籍，下够一番功夫后，亲手打造了秦滇别院。

凭借多年旅行时对酒店的挑剔习惯，不懂设计的朱老板却设计出一座堪比五星级度假酒店的轻奢客栈。可见学习源于生活。

从一号院到二号院，朱老板的设计功底日渐深厚，二号院的精致与完善更甚于一号院。

一号院的公共空间充满了民族风情

一号院的小院子里有一个小小的鱼池，旁边是躺椅和藤制秋千椅，白日里是阳光明媚、花团锦簇的小花园，夜晚开灯之后，朦朦胧胧的灯光洒在鱼池周围，看不清景物，只听见潺潺的水声流动，恍惚间让人误以为在温泉酒店度假。

谁说管家必须是英式的

朱老板擅长将自己对生活的挑剔态度运用到客栈的设计理念中，要求每个细节都尽量让住宿的客人满意。但是他认为自己有个大缺点，就是缺乏耐性，不喜欢与人交际。可是朱老板不在乎这个问题，因为他有一个可以与之互补的完美搭档。

秦滇别院的另一位老板有一个罕见的姓氏——帖，帖老板与朱老板是发小。与朱老板大开大合、不拘小节的性格比起来，帖老板完全是另一种人。

帖老板温柔体贴，耐性极好。他担任着秦滇别院里最专业的管家，让每一位住宿的客人都能感受到他细腻的照顾。

"他能做到的事，我可不行。"朱老板毫不吝啬地夸奖着他的朋友兼搭档，"有一次，几位客人要赶早班机，小帖五六点就起床帮他们做面条，我可起不来。"

"真不知道他的耐性怎么那么好，什么事都慢条斯理、不温不火。"当朱老板继续念叨着好朋友的优点时，他一定不知道帖老板同样在背后、同样真挚地夸奖过他。帖老

$\dfrac{1}{2}$|3

1. 蓝天白云下的奢华露台　　2. 感受独自欣赏苍山的下午茶时光
3. 清新典雅的房间设计

板认为自己幸运地拥有一位非常聪明能干的合伙人。

　　两个陕西大男人用这样让人感动的方式诠释了男人之间真正的友情，或许也正因为他们的友情如此真挚，性格又能够互补，才能共同创造出秦滇别院这样一家接近完美的五星级客栈。

　　帖老板打理下的秦滇别院没有刻意的服务，却隐隐弥漫着最体贴、最温馨的照顾，仿佛真的拥有一位专属于自己的私人管家。

　　在帖老板的热情邀请下，我有幸品尝了他家自己做的陕西风味手擀面，味道绝佳。

度假风的住宿体验

　　秦滇别院的二号院在人民路下段另一条小巷子里面，院子外没有挂任何招牌，大门紧闭，私密性极强。这里更像一个私人的度假别墅，整体是美国乡村田园风格，以青草绿与

象牙白为主色调。花园不大但精致，阳光下的青草、翠竹、鲜红的三角梅清新自然。

一楼的公共餐厅整齐地摆放着木桌、油画效果的动物木椅、大瓶干花、复古吊灯，处处都呈现出田园别墅风情。

二楼和三楼都有宽敞的观景平台，可以躺在舒适的藤制布艺沙发上仰望苍山，远眺洱海，看天外云卷云舒，惬意无比。

二号院最大的特色是房间数量少，每层只有两个房间，却可以共用一个轻奢情调十足的美式客厅。客厅里有单独的液晶电视、复古的美式乡村风格家具、豪华的布艺沙发，适合一大家人度假时聊天聚会。

与大理其他客栈偏重旅行住宿功能相比，秦滇别院完全是为度假而设计的。在他家匆匆住宿一晚会很可惜，最好是住上十天半个月，彻底放松下来享受它提供的完善服务，体会到真正度假的轻松感。

秦滇别院的房间条件几乎可以用完美来形容，配置极高的床上用品与卫浴硬件、

站在平台上就可以俯视整个一号院的院子

宽敞的步入式衣柜、面积大得几乎算是奢华的卫生间，每个细节都在彰显主人的生活品质，体现主人最完善的待客之道。

秦滇别院目前提供简单家常的早餐，但朱老板对此很不满意。在他的规划中，一家崭新的餐厅即将开业，他打算在餐厅里为每一位入住秦滇别院的客人提供五星级酒店式的自助早餐。

"为客人提供最好的配置"，一直是完美主义者朱老板的终极信念，没有理由不相信，或许秦滇别院会成为大理一家真正完美的客栈。

客栈资讯

地　　址：大理市古城人民路下段464号
电　　话：0872-2380819
预订方式：网络/电话
房间价格：300~1800元

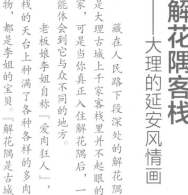

解花隅客栈
——大理的延安风情画

藏在人民路下段深处的解花隅只是大理古城上千家客栈里并不起眼的一家，可是当你真正入住解花隅后，一定能体会到它与众不同的地方。

老板娘李姐自称『爱肉狂人』，客栈的天台上种满了各种各样的多肉植物，都是李姐的宝贝。『解花隅是古城唯一一家多肉主题的花园客栈。』李姐是这样定义自己的客栈的。

李姐是陕西人，解花隅在室内设计上运用了延安风情的元素，成为他家独特的风景线。

◆ **客栈特色**

- ◆ 客栈小而精致，六间客房各有特色
- ◆ 天台上琳琅满目的多肉植物令人赞叹
- ◆ 不经意的延安元素别有一番风情
- ◆ 光线好的阳光房适合看书发呆

混搭生活元素

李姐以前是一名成功的销售人员，2012年她第五次来到大理旅游，突然之间便不想离开。"当自己不再年轻时，学会更好地生活才是生命的重心。"在李姐如此的憧憬下，解花隅客栈诞生了。

藏在巷子深处的解花隅，以一排木质的走廊吸引着过客的视线，掩不住的文艺气息隐隐浮动出来。

进门便是解花隅的阳光房，面积不大，但环境很舒适。木头沙发上铺着厚厚的坐垫，墙上的花布拼图与桌子上的大红色双喜木箱透露出主人喜爱的老延安元素，混搭在清新的风格里别具风情。

| 1 | 2 | 3 |
| | 4 | 5 |

1. 格外温馨的阳光房　　2. 看着这一排陶人便不难猜出主人的故乡
3. 墙上有趣的装饰架　　4. 李姐珍爱的多肉植物　　5. 多肉品种丰富得像展览馆

一个人的房间

解花隅的房间设计很雅致，在极简主义的主调性下依旧点缀着延安风情的细节。墙上画框里的虎头鞋、茶几下复古瓷杯样式的小垃圾桶、浴室里的延安年画人偶摆设，无一不体现主人对家乡的怀念。

房间里没有电视机，床上用品的质量不错，热水令人满意，唯一让客人感觉尴尬的地方在于卫生间的开放式设计。有些房间的卫生间没有明显的隔断，若是两人合住时会有些不便，因此解花隅客栈更适合一个人旅行的选择。

多肉植物的魔法花园

解花隅的每位住店客人都不会忘记李姐的多肉花园，整个天台上摆放着数百盆多肉植物，品种丰富得让人赞叹。

"我们大理的多肉一点儿也不逊色。"李姐很自豪地强调。

　　李姐将生活中一些废弃的杂物，如厨余的橄榄油桶、喝剩的黑啤桶、孩子穿不下的旧鞋、开裂的瓷杯、旧木椅……信手拈来全部都变成了多肉植物的花盆，趣味十足。

　　或许，这就是李姐说的"学会生活"。

📍 客栈资讯 ————————————————————————

地　　址：大理市古城人民路下段397号

电　　话：15368983075

预订方式：网络/电话

房间价格：100～300元

天堂时光旅行书店
——如果有天堂

天堂时光是连锁式的旅行书店，大理古城里的这家十分低调，隐藏在人民路一条不起眼的小巷尽头，若是走得匆忙，一不小心便会错过。

这家书店并不大，藏书也不算丰富，但是环境温馨宁静，老板娘温柔细致，有一种带着墨香的缠绵气息缭绕其中，令人感到舒适自在。一杯玫瑰花茶，一本关于大理的游记，一段清净明媚的阅读时光，你会渐渐地发现，这里就是天堂，而自己正是天堂的客人。

◆ 书店特色

◆ 旅行书籍最为丰富
◆ 可在漂亮的小院子里喝茶、看书
◆ 可自己打印明信片

创造一座天堂

如果世界上真的有天堂，博尔赫斯说"天堂应该是图书馆的模样"。李娜是个说话极其温柔的女子，听她说话，仿佛心也会融化。她说："拥有一家书店，就是一座天堂。"

天堂时光旅行书店是一家全国连锁式的书店，其中最有名的一家在拉萨，李娜曾在那里打工。李娜是北京人，原本在一家跨国公司做进出口贸易的工作，收入颇丰，生活稳定。"可是那样的生活不是我想要的，人际关系消耗了我全部的精力。"李娜微笑着柔声说道，"我不认为把生命用来做这些事是值得的，所以我出逃了。"

李娜逃出了北京，逃出了繁华的大城市，逃出了她厌倦的雾霾天。漂泊过很多地方后，李娜在拉萨暂停下来，"因为我被那家书店迷住了"。李娜说的正是天堂时光旅行书店。

1 | 1. 老板娘常常独自在吧台后等候客人来临   2. 清茶幽香的读书岁月

2 | 3   3. 后院宁静的阅读时光

　　"蓝天、白云、阳光，还有一家文艺得让人喘不过气来的书店。"李娜笑了，"这儿不是天堂，哪里才是？"于是，李娜选择留在拉萨的书店工作。一段时间后，她发现自己有一种梦想越来越渴望实现，她迫不及待地想要拥有一个属于自己的天堂。

　　"我继续开始了流浪的日子，我想要寻找一个最美丽的地方，在那里开一家自己的书店。"众里寻他千百度之后，李娜选择了大理。

　　"有什么理由不选择大理呢？这里有着和拉萨一样的蓝天、白云、阳光，还有独一无二的苍山与洱海。"李娜找到了她心中安置天堂的地方，苍山下，洱海旁。

1 | 2 | 3   1. 大多都是关于旅行的书籍   2. 西藏风情的原创明信片
3. 每一张书签都带着浓郁的文化气息

天堂也有烦恼

李娜并没有开一家独立的书店，而是选择了加盟天堂时光，"因为我喜欢它的调性，也可以弥补我的经验不足。"李娜正小心翼翼地摸索着经营自己的第一家书店，她或许不知道，站在书店的门口往里看，吧台后的她温婉动人，哪里像是曾经都市里的精明白领，她早已与她的书店融合在一起，巧笑嫣然间，腹有诗书气自华。

李娜的书店开在人民路一个小巷的尽头，尽管她在巷子口挂了一块红棕色的木牌，但匆匆路过的行人往往会错过与它的相逢。

只需往里走几步路，便会看到石墙的中间打开了一扇玻璃小门，复古青瓦屋檐下挂着天堂时光旅行书店的招牌，茂密的藤蔓挂在门框的一角，遮住阳光投下的点点斑驳。

李娜的天堂时光面积并不很大，但足够让游人浮躁的内心暂时安静下来，舒缓的音乐声中幽幽书墨香，一切都仿佛染上了诗意，除了阅读的快乐，其他再无多想。

在如今电子信息化的时代，经营一家传统书店不是一件容易的事。除了卖书之外，李娜也希望在古城暂住的游人偶尔会来书店坐坐，花十几元买一杯咖啡或是玫瑰花茶，便可以享受一整天的阅读时光。

"只是想为喜欢书的人提供一个地方，书店赚钱是很难的事。"李娜淡然地微笑，表情祥和。

人民路上铺面的租金这两年涨得厉害。李娜想过，未来或许她会和古城内其他一些书店一样，搬离人民路。

"这是没有办法的事，当我选择这样一种生活时便做好了心理准备。"李娜从吧台里递出她亲手泡的玫瑰花茶，芬芳扑鼻。"可是我依旧认为现在的生活很幸福，这点小

小的烦恼算得了什么呢？我在大理这么美丽的地方拥有了一座自己的天堂。"

她的幸福感染着走进书店的每一个人，没有人会不喜欢这样一个天堂。

如果真有天堂

为了吸引更多游客来到天堂时光旅行书店，李娜在书店门口摆放了一台明信片打印机，提供自制明信片服务，书店里也销售西藏寄过来的原创明信片和书签。

书店的饮品和甜点价格都不贵，比许多咖啡馆还要便宜些，却可以自由地浏览满柜的书籍。许多熟客喜欢在午后来到书店，那时阳光正明媚，书店里光线明亮，吧台里飘出新鲜的咖啡香。在这家小小的书店里，时间仿佛是静止的，岁月不再流动，只有沙沙的翻书声陪伴着惬意的时光。

李娜把惊喜收藏在天堂时光的后院里，鹅卵石的地面、四周围绕着各式各样的植物、彩色灯笼和漂亮的条纹桌布，还有木桌上摆放的一大瓶雏菊，美得像一幅油画。

在这样的院子里晒太阳、喝茶、看书，不言不语，一个人静静地度过生命里一段美妙的时光，感受人生如诗般的意境，"寂历弹琴地，幽流读书堂"。

📍 书店资讯 ────────────

地　　址：大理市古城人民路384号

Kaweh 咖啡馆
——不打烊的时光

Kaweh是希腊语，是咖啡这个单词的起源，意思是「力量与热情」。有位旅行作家这样写道：「咖啡馆的出现创造了一个公共空间，拉平了阶级等级区分，随着价格的降低，不同阶层的人都能去喝一杯参与闲谈。经过几百年的发展，咖啡已经成为人们生活的必需品，咖啡已经成为一种象征着「文明」的饮料。而只要走进知名咖啡馆，便能了解到一座城市的文化模式。」

Kaweh咖啡正是这样一家代表着大理古城文化新模式的咖啡馆。

◆ **饮品店特色**

◆ 文艺清新的室内设计
◆ 24小时不打烊

一种专业的姿态

以往聚集在古城里的流浪艺术家们喜爱的咖啡馆大多是个性化的、与众不同的、文艺氛围浓郁的，但随着大城市里涌来的游人越来越多，古城内的咖啡馆风格也逐渐丰富起来，Kaweh咖啡则是其中的典型。

Kaweh咖啡追求的不是私人的独有风格，而是属于大众的、开放式和自由式的咖啡馆。对于习惯城市生活模式，喜爱独来独往的人们来说，或许这种经营方式的咖啡馆更有一种亲切的自在感。

一个自在的空间

Kaweh咖啡位于路边，由一座两层的独栋老房改建而成，一楼有一扇大落地窗，视野极好，而二楼则有更为宽敞的室内空间。

古城唯一一家24小时咖啡馆

　　二楼有一排正对街景的单人高位座椅，适合一个人独自面对窗外的风景发呆。靠窗的位置则是由飘窗改建的榻榻米双人位，客人们十分热衷于坐在这里。还有一处小阳台，白色的方桌与椅子，仅容得下两个人，午后的阳光懒洋洋地洒在这里，可以稍稍打个盹儿，享受午后惬意的时光。

一处不灭的灯光

　　Kaweh咖啡是古城内唯一一家24小时不打烊的咖啡馆。拥有一家24小时不打烊的咖啡馆对于一个城市来说，具有形而上的象征意义。就如台北市大名鼎鼎的诚品书店正是推行24小时不打烊都市文化的代表，在深夜里点燃一盏灯，是为了给城市里那些孤独的不眠者一份最温暖的慰藉。

$\dfrac{1}{2}$　1. 靠近窗口的榻榻米　　2. 清新文艺的家具

　　在流浪艺术家聚集的大理古城内，一家24小时不打烊的咖啡馆，更像是一座象征着精神不灭、艺术长存的灯塔，在黑夜里陪伴着那些尚未回家的人们。

　　永不熄灭的那盏灯，或许就是Kaweh咖啡对于古城最重要的意义。

📍 **饮品店资讯**

地　　址：大理市古城人民路328号

电　　话：18687225328

人均消费：30元

特色推荐：美式咖啡、焦糖玛奇朵

PATIO 咖啡馆
——总有些人不离去

PATIO咖啡的老板是上海人，已定居大理多年。"大理这些年的变化真大，许多熟悉的人离开，越来越多陌生的面孔出现。"老板坐在宽敞的吧台后面回忆过去的岁月，"从前的大理总是更好的，但谁也不能永远活在过去。老朋友们都离开了，而我还是选择了留下来。"

"这儿是属于老大理们怀旧的地方，他们常来这里聚会。"老板说这话时有些怅然，却也有着一种坚守的荣耀。

◆ 饮品店特色

◆ 充满艺术腔调的墙体彩绘
◆ 古城别具特色的秘制蛋糕

旧瓶装新酒

在大理长期经营一家咖啡馆并不是一件容易的事，"想要成为一家真正的老店，半点马虎不得。"老板在经营上花了许多精力，虽然咖啡馆早已是大理的老店，但他从未停止过对于新产品的研究。

能够在一家熟悉的老店里尝试新的口味，这对于习惯了泡咖啡馆的熟客来说，确实是一种让人感动的惊喜。

PATIO咖啡里的普洱茶芝士蛋糕、玫瑰芝士蛋糕、大理青梅茶、金枕榴梿冰激凌都这样逐一被创新出来，如今已是店里的热卖产品。

白天不懂夜的黑

尽管已经换了咖啡馆的位置，老板依旧为古城内不断飞涨的房租感到压力重重。他想出一个主意，他只经营白天的PATIO咖啡，晚上的时间分租给另外的人做酒吧吧。想要尝试PATIO咖啡饮品和蛋糕的人定要记得，白天的PATIO才是咖啡馆。

露天小院子很宁静

　　"这样挺好,我喜欢阳光下的日子,晚上对我来说,适合休息。"老板满意地找到了两全其美的法子,因此完全可以憧憬,PATIO咖啡会在古城里长久地存在,不轻易离别。

像是回到20世纪的时光

你也会成为传奇

如同那些20世纪流行的英国文学里喜欢描述的场景一样，作为古城里资深老店的PATIO咖啡，常常聚集了许多有故事的人。

在某个下雨的黄昏，天色有些暗沉，来这里点上一杯莫吉托，你会有机会听到一些关于大理的传奇故事。仿佛总有几个人坐在角落的沙发上，聊着一些只有他们才熟悉的古城岁月和那些在光阴里已经模糊的人与事。

而这种时候，老板只是默默地坐在宽敞的吧台后，嘴角带着惯有的微笑，不言不语。在坚守大理的这些岁月里，他也早已成为别人谈资中的一个传奇。

📍 饮品店资讯

地　　址： 大理市古城人民路285号
人均消费： 40元
特色推荐： 普洱茶芝士蛋糕、泰式冰柠檬茶、金枕榴梿冰激凌

薄荷糖咖啡馆
——太太的客厅

沙龙文化是时尚圈与文化圈里特有的流行，在彼时的民国风里，总是少不了穿着旧时西装或旗袍的精致男女相聚在某某家的客厅里，听音乐、聊时事的慵懒风情。时光荏苒80多年，过去那些故事已在历史中成为一段传说，对于活在当下的人们来说，沙龙文化的复兴则是一种值得推崇的生活态度，所需考虑的，不过是在哪里举行更好。

关于这一点，薄荷糖咖啡馆给出了答案。

◆ **饮品店特色**

- ◆ 清新的薄荷绿
- ◆ 复古风情的舒适环境
- ◆ 古城最地道的红丝绒蛋糕

朋友的客厅

时间选择在一个最理想的春日下午，温煦而明亮。地点是薄荷糖咖啡馆，在古城开店的新移民们喜欢把这里当作接待朋友的客厅。所谓朋友的客厅，是因为薄荷糖的环境比人民路上大部分的咖啡馆更为清新和舒适，适合三五好友围坐长谈。

薄荷糖咖啡馆的老板娘俨然当时当地最贴心的"沙龙"主人，为每一个客人提供家庭般的温馨与闲适。古城里的那些艺术家、诗人以及一切人等，每逢清闲的下午，想喝一杯果汁或咖啡，想坐坐温软的沙发，想与朋友轻松谈笑，便会不须思索地步行到薄荷糖咖啡馆。在这里，每个人都能得到他们所向往的东西。

正对着咖啡馆的门，是一张木头色表面、乳白色底的圆桌，配着两张黑色的皮质沙发，老板娘就常常坐在那里看书。靠窗的那面摆放着同样的桌椅，空间更为宽敞，便加了一张条纹图案的布艺凳子。通常桌子上都会摆放着一只陶艺花瓶，里面插满老板娘每天从花市上选来的鲜花。

清新的薄荷色在街景里脱颖而出

　　墙上挂着欧式少女壁画，一张淘来的老旧木柜上放着一台复古情调十足的收音机和几盆漂亮的多肉植物。坐在靠窗的位置能够以极佳的视角打量人民路的风景，窗外的街头手工匠人开始了摆摊的快乐一天，游人则穿梭其中寻觅着自己的心头好。

情人的客厅

　　墙上疏疏落落地挂着几排照片，入镜的都是薄荷糖咖啡馆的招牌甜点。无疑，薄荷糖咖啡馆的甜点在古城里是小有名气的，其中红丝绒蛋糕尤其热销。

　　关于红丝绒蛋糕的起源有不少有趣的传说，最富有戏剧性的说法是，它起源于纽约的Waldorf-Astoria酒店。1959年左右，一位女客人在这家酒店偶然品尝到了红丝绒蛋糕，马上被它美丽的颜色和特别的口感所吸引，于是向酒店索要蛋糕配方，而酒店满足了她的要求。不料，之后她却收到了一份高额账单，原来酒店并不是无偿分享蛋糕配方。于是，这位女客人一怒之下向社会公布了红丝绒蛋糕的配方，红丝绒蛋糕从此闻名全世界。

　　一款鲜红美艳的蛋糕作为情侣之间下午茶的甜品再合适不过。据我所知，古城内做

1 | 2 | 3
        4

1. 30年前的收音机营造出怀旧的气息　　2. 每个细节都充满田园风情
3. 海鲜水果沙拉是菜单上没有的招牌产品　　4. 榴梿慕斯和鲜榨果汁都值得推荐

红丝绒蛋糕的店铺极为罕见，因此常常能看到慕名而来一品蛋糕的年轻情侣。

　　除了红丝绒蛋糕，巧克力流心蛋糕、榴梿慕斯、海鲜水果沙拉也都是熟客们挚爱的选择。

太太的客厅

　　在20世纪30年代的中国，家庭文化沙龙是知识分子圈里一道亮丽的人文风景。在当时北京的文化圈里，举办家庭沙龙是件颇为时尚的雅事，胡适家有，凌叔华家也有。最著名的是才女林徽因的"客厅沙龙"，那里常常会聚集一批当时中国知识界的文化精英，品茗坐论天下事，逐渐成为"京派"文化人圈子里一个灿烂夺目的焦点。

　　生活在习惯了网络交流的当下的人，偶尔来一场文化沙龙式的朋友聚会，绝对是值得推崇的健康生活方式。

　　薄荷糖咖啡馆二楼有一个单独的房间，布置得像一间小小的客厅，适合一群志趣相投的朋友关起门来聊聊任何有趣的话题。

　　中间是一张木质的茶几，下面铺垫着白色的长毛地毯，几张布艺沙发和坐垫随意地摆放在茶几周围，是预备给客人们坐卧的。墙角是一张木底的布艺摇椅，旁边放着一个深棕色的四个抽屉的木柜。木柜上抽象的雕像与金属的异形风扇冲撞出特有的设计感。

　　北墙上段是短窗，窗棂同样被刷成了清新的薄荷绿。窗户的对面有一张矮书架，上面放着一些日式设计类的书籍。从二楼的窗户望出去是热闹的人民路，关上玻璃窗和房间的门，这里便成为一个安静的隐蔽空间，颇有大隐于市的味道。

　　或许这是古城内最适合举行文化沙龙的地方了。邀上几个老朋友，或是旅途中新结交的有意思的人，在黄昏后来这里天南地北、无所拘束地聊些共同感兴趣的话题，定会是旅行中值得回忆的一幕场景。

📍 饮品店资讯

地　　址： 大理市古城人民路474号

电　　话： 18687269357

人均消费： 40元

特色推荐： 红丝绒蛋糕、榴梿慕斯、鲜榨橙汁

木巢咖啡馆
——安静的麻雀

最早是青木堂的老板娘Helen向我推荐了木巢，『它很小……』Helen强调了木巢咖啡的特点，『但是真是不错』。

木巢咖啡真的很小，但更小的是古城的圈子，我并不诧异Helen与木巢咖啡的老板娘雪儿是好朋友，因为我知道她们两个的男友都是古城足球队的一员。

可是当我听到雪儿说，栖居客栈的老板阳光刚刚带着他可爱的表妹到木巢来吃意大利面时，我还是忍不住感叹了一声『大理真小』。

◆ 饮品店特色

◆ 面积很小，环境却很温馨
◆ 一书柜的卡夫卡可以打发整天的时间
◆ 可以买到他家自制的蜂蜜与玫瑰花酱
◆ 听雪儿讲她浪漫的爱情故事

我有一家小小的咖啡馆

"2004年我第一次到大理的时候就幻想过，如果能够在这里拥有一家属于自己的咖啡馆是件多么幸福的事，哪怕它很小，很小。"老板娘雪儿回忆起自己当年梦想时的表情那么鲜活，似乎快要忘记，她早已经梦想成真。

天蓝色的木质门框、复古的英伦情调、阁楼围栏上密密麻麻的红酒瓶，雪儿将仅有三四张桌子的木巢咖啡设计得文艺气息浓郁。

我有一段安静的午后时光

五脏俱全的小小木巢并不是叽叽喳喳的麻雀，它很安静，播放的音乐风格也悠扬舒缓。

木巢咖啡的位置在人民路靠下端的地方，快要走到洱海门，来往的行人不算太多。

1. 漂亮的照片墙   2. 咖啡和甜点都是木巢的招牌   3. 角落里的多肉植物

雪儿在咖啡馆的门口还摆了一个小摊,顺便卖一些手工布艺商品。"我喜欢一个人静静地守店,发发呆,晒晒太阳。"雪儿托着腮,眼神很明亮,"在大理开店的目的,难道不正是可以拥有一段安静的时光吗?"

我有一份值得骄傲的幸福

雪儿决心在古城开咖啡馆是因为她在大理认识了一个来自深圳的男孩,木巢咖啡是他们爱的结晶。"他是我的Mr. Right。"说这句话时,雪儿的笑容里是藏不住的幸福。

漂亮的门窗和美丽的老板娘

　　Mr. Right是一位很讲究、很挑剔的人，对咖啡有着专业的研究。"所以附近咖啡馆的老板甚至会跑到我们店里来喝咖啡，他们知道我们的咖啡是最好的。"雪儿为她的Mr. Right感到骄傲。

　　木巢咖啡除了咖啡很地道外，意大利面和咖喱饭也都是古城小圈子里的口碑美食，当然这一切都归功于完美主义的Mr. Right。因为Mr. Right的存在，雪儿可以过着简单轻松的日子，在宁静的古城里日出而作，日落而息，每天带着恬静的心境享受生活的幸福。

　　"什么都是老板的功劳，那老板娘你做什么呢？"有客人打趣地问。

　　雪儿甜甜一笑，"我等他回家"。

饮品店资讯

地　　址： 大理市古城人民路下段（靠近洱海门）
电　　话： 13888688339
人均消费： 30元
特色推荐： 各式现磨咖啡、芝士蛋糕、秘制肉酱意大利面

创意店铺
CHUANGYI DIANPU

莲雾杂货铺
——时间收藏者

大理古城内各种创意店铺虽多，但近两年商业化气息重了，真正有韵味、有沉淀的杂货铺犹如凤毛麟角，莲雾是其中值得品味的一家。

莲雾杂货铺藏在人民路下段一条小巷的尽头。青砖墙涂抹了一片深蓝的底色，紧闭的天蓝色木门，若不是有心寻找，便难以发现它的踪迹。这本身就是一种态度，不算生意，只是活法。

◆ 店铺特色

◆ 收藏关于童年的记忆
◆ 从巍山村子里淘来的民族风旧家具
◆ 小院子很美

花开有落时，人生容易老

良子还很年轻，却总感叹光阴流逝，年华易老。"所以总该及时做点自己喜欢的事，谁知道未来还有没有机会呢。"她浅浅地笑着。

良子从医学院毕业后分配到大理学院下关校区做校医，医生大多具备理性、冷静的性格特质，良子却显得有些多愁善感。

"真正懂得了生命的脆弱，才更会珍惜当下的自由与幸福。"良子坚信自己的选择是正确的。周围的人都无法理解她为何放弃多年医学院的苦读，放弃一份稳定、体面的工作，而去开一家专卖老物件的杂货铺。

"总人有问我，开杂货铺有前途吗？"良子笑道，"我就说，既然不知道结局，又何必费尽心思去猜呢。"

静谧的店铺里珍藏着童年的快乐

　　良子天生迷恋那些沉淀了旧日光阴的老物件，把它们从山村里淘回来，摆放在自己的小店里。这样，良子很快乐。

　　学医的良子把莲雾杂货铺设计得很怀旧，很文艺。从蓝色木栏的小门低头钻进来后，会看到一个小小的院子。院子里种植了一些简单的植物，藤蔓攀附在墙角，几朵玫瑰悄悄绽放，旁边还插着两根干枯的莲蓬。

　　院子里还有几块雕刻着门神的石板，漫不经心地搁在角落，其实这些都是良子跑了很多山路才找到的宝贝。石板旁边有一张老藤椅，一看便知沉淀了几十年岁月的沧桑，天气好时，良子会坐在上面喝茶。

墙上的挂钟很美

　　老藤椅旁边有一棵盆栽的小树，装饰着欧式复古煤油灯，阳光透过树叶，斑驳的光影落在良子的头发上，仿佛一幅淡然的写意画，画中时光永驻。

年年岁岁花相似，岁岁年年人不同

　　莲雾杂货铺里只有良子一个人，她租下了整栋小屋子。院子的南面是一间小厨房，北面是两层的阁楼，楼下便是莲雾杂货铺，阁楼上是良子居住的房间。

　　良子在淡季时常会关店，因为她喜欢独自一人去远方淘货。四川、西藏、贵州都是

1 | 2 | 3 | 4

1. 屋檐下的羽毛风铃　　2. 一套漂亮的娃娃，果断抱走　　3. 80后的童年回忆
4. 刻画时光的古老家谱

目的地，而云南近处她最爱去的地方是大山深处的山村。

良子说，那里偶尔有上百年的老房子拆迁，所有古老的东西通通像废品一样堆放在一旁。当地有些精明的小商人，虽然对这些旧东西的审美价值完全不能理解，却知道总会有城市里的文艺青年们来收购。

"他们当然会漫天要价，"良子轻笑，"但是我有足够的耐心，我会用整天的时间，从清晨到黄昏，一件一件挑，然后与他们坐地还钱。"

不过良子也有些惆怅，那些百年老屋剩余的也不多了，每拆掉一栋，便永远地失去一栋，再不会重来。

良子甚至从那些老屋子里淘来了古旧的家谱，她将上面的灰尘小心翼翼地擦拭干净，摆放在她的杂物柜里。望着家谱上一长串不识得的人名，良子唏嘘不已。

在莲雾杂货铺门口的墙上，良子写着几句话，"路也许很窄，但总是会有；路也许很长，但总会到头。马不是好马，那就能走就走；马不听指挥，那就随处停留"。

良子把人生比作一匹不听话的马儿，走在一条狭窄漫长却总会到头的山路上。这浅显通俗的比喻里，良子悟出了随遇而安、清静无为的人生真谛。

店铺的柜子上挂着一个棕色的旧皮包，皮包上有些地方已经有轻微的磨损，皮色也显得陈旧，可是气场十足。

"有时无聊的午后，我常常会捧着一杯茶，满脑子乱想，去猜测它以前的主人是怎样的模样。"良子摩挲着旧皮包的表面，"它是有故事的，只有时间才能沉淀出这样的气场，这才是旧物的魅力。"

许许多多的旧物被良子天南地北地淘了回来，而这些旧物原本的主人却早不知去往世界的何方，旧物变作岁月的留声机，将过往的美好光阴演奏成一曲无声的旋律。

流水落花春去也，天上人间

莲雾杂货铺像是一台时间机器，恍恍惚惚间带人穿越回童年的某个午后、父母不在家的暑假。屋子里只有自己一人，外面树上的知了叫个不停，阳光透过窗户照在那台橘红色的玩具钢琴上。

80后的童年记忆里，或许都有这台只有12个黑白键的小钢琴，许多人对于音乐最早的认知来源于它单调的旋律。在那个物质贫乏的年代里，它却奏响了美的和声，与光阴的回忆融合成一片恬淡的岁月，令人追忆。

良子收集了不少80后怀旧记忆的碎片，马里奥兄弟的玩偶、外婆家的烧火钳、医院里的小药瓶、复古留声机上的哆啦A梦管弦乐队……让每个不经意间踏入莲雾杂货铺的人都情不自禁地轻叹一声"咦，这个东西我曾见过"。

"这个妹妹我曾见过的。"《红楼梦》开篇贾宝玉的一句话拉开了一个浪漫序曲，而莲雾杂货铺中的点点滴滴，则打开了我们每个人的记忆库，一切有关过往的、清新的、稚嫩的回忆潮水般地涌出，隐隐约约，仿佛听见那曲婉转的《Yesterday Once More》在耳边响起。

莲雾杂货铺里满屋子的昨日重现，让人因平添几分"人生若只如初见"的感伤而出神片刻，等回到现实的刹那，更觉逝者如斯夫，"风也萧萧，雨也萧萧。瘦尽灯花又一宵"。

📍 店铺资讯

地　　址：大理市古城人民路下段路旁小巷子内
特色推荐：哆啦A梦复古玩偶、古着皮包、巍山老家具

路上有花茶货铺

——散落天涯的那些花儿

文艺氛围浓厚的古镇里总会有这样一家店铺，明亮干净的白色石灰墙、深褐色的木头招牌、有个让人难以忘怀的名字、店员气质出众、里面的商品别致得令人爱不释手……

路上有花就是这样一家店铺，它清新得像是雨后的青草地，深呼吸，满是薄荷香的浅绿空气。

路上有花，花在路上，它在丽江，在凤凰，更在大理。

◆ 店铺特色

◆ 精致的原创笔记本性价比很高
◆ 手工制作的皮包质量上乘
◆ 店里的小猫挂面讨人喜欢

不是杂货是茶货

茶货铺里销售的商品除了茶叶，还有原创手工笔记本、原创设计T恤、手作皮包……可是，它坚持认为自己叫作茶货铺，而非杂货铺。

很少有人不被路上有花的花草茶吸引，因为他家的茶叶包装盒漂亮得不像话。玻璃瓶的、纸盒的、藤编的、铁盒子的，琳琅满目，美不胜收。

好奇地打听后得知，路上有花的老板原是山东人，产品包装设计师出身，难怪！

真不必在意盒子里装的是什么茶叶了，把那些漂亮盒子都买回去做礼物吧，它们美得像是艺术品。

散落在纸张上的那些花儿

店里最抢眼的商品还不是茶叶盒子，而是一排排材质不一的原创设计的笔记本，除了纸质的，更多则用牛皮手工缝制而成。

极有特色的原创笔记本，性价比很高

1 | 2 / 3　　1. 封面上的点点繁花　　2. 精美的包装设计，令人爱不释手
3. 包装得如此文艺的礼物特别适合做手信

　　笔记本封面设计多以各色花朵图案为主，图案的丰富程度让人眼花缭乱，真不知道设计师头脑里怎能涌出如此想象力十足的花儿形态。玫瑰、蔷薇、樱花、迎春、丁香、紫罗兰……像是维多利亚时代的女王花园，在阳光下花团锦簇，芬芳扑鼻。

　　这些漂亮且精致的笔记本让人爱不释手，往随身的包里装上一本，仿佛自己的生活也变得姹紫嫣红起来。

让那些花儿洒落天涯

　　从店里那些精致绝伦的包装设计里能看出老板深厚的艺术底蕴与设计功底，那些漂亮的花儿是老板心中的世界，仿佛一个万花筒，看天涯万紫千红。

　　路上有花的总部在上海，分店设在那些有着文艺底蕴的古镇里，丽江、凤凰……自然还有大理。

　　让荒芜的土地上开满鲜花，让那些花儿洒落天涯，这样的梦想像是一个童话，可是路上有花却在岁月中悄悄将它实现了。

📍 店铺资讯 ————————————————————————————

地　　址：大理市古城人民路下段
特色推荐：各式花草茶、花朵图案笔记本

时光漫步杂货铺

——纪念一段似水流年

《时光漫步》是许巍2002年发行的一张专辑，许多人说，那是许巍从孤独、忧伤过渡到灿烂、明亮的转折点。

每一个生命都无法避免生老病死，没有人可以改变时间的单程方向，没有人可以摆脱与时间相关的无奈与悲伤。

可是，每一个在时光中活过的人，却拥有平等选择的自由——是被时光无情地抛弃，抑或是优雅从容地漫步于每一段时光的记忆中。

◆ 店铺特色

◆ 原创明信片可以选择时光慢递
◆ 许多有意思的原创小商品
◆ 店内的小咖啡厅清新文艺

难以再回去的昨天

慢递，也叫写给未来的信，有人说，这是一种行为艺术，提醒人们珍惜时光，活在当下。

"用这样一种方式，回到难以再回去的昨天。"店主这样诠释着慢递的含义，"时光对于每一个人都是平等的，可是有人蹉跎光阴，有人岁月沉香。"

时光漫步杂货铺里的明信片都是原创拍摄，记录着当下大理的模样——不禁会想，大理未来会怎样。

买下大理今日的时光，投入门口那个墨绿色的邮筒中，寄给许多年后未知的自己，愿明日的岁月如邮筒旁那束金黄色的向日葵，永远面朝希望。

良辰美景便是春天

时光漫步杂货铺里有一家小小的咖啡厅，泛白的石灰墙上贴着黑色的老唱片，有那

适合一个人追忆似水流年的地方

咖啡厅简约清新

些年在岁月中遗忘的电影海报，还有一台带着时光印记的风扇。

鲜榨果汁卖得便宜，各类花草茶可以免费续杯，店主推荐的现烤华夫饼新鲜出炉时，满屋子的甜蜜香气。

二楼有安静的位置，书柜里有供人翻阅的图书，不必在意是谁温暖了谁的岁月，又是谁惊艳了谁的时光。这一刻岁月静好，便是人生的良辰美景。

浩瀚烟波里怀念似水流年

与大部分的杂货铺谨慎地谢绝拍照不同，时光漫步的店主慷慨地欢迎每一位过客随意入店拍照。

经历过人生风雨的人方能沉淀出如此的淡定与从容，珍惜每一段因缘聚合，爱每一个缘起性空的生命，以一颗出离的心看年华似水流。

时光漫步是一个自由的地方，每一个人都可以轻松地闲逛，无人干涉，无人招呼，

大理的浪子们留下的旅途纪念

却有一种温暖在这红尘一隅弥漫，仿佛清风与细雨的缠绵。

不必客气，欢迎进入我的时光，你的岁月，不是过客，只是归人。

📍 店铺资讯 ─────────────────────

地　　址：大理市古城人民路下段143号
特色推荐：原创明信片、招牌华夫饼

绾醮原创饰品店
——元方，你怎么看

绾醮的主人叫元方，中年资深文艺男，气质忧郁，爱吹箫、好制弓，格调奇高。

元方似乎有一种与生俱来的古典气质。不是故作忧郁，实在是世间沧桑，人事无常，经历的事多了，自有这样一股成熟的魅力。

元方很招人喜欢，他出门淘货的时候朋友们会义务帮他看店。他的人生境界也远比同龄人高远，于是朋友们都习惯问他一句，「元方，你怎么看？」

◆ 店铺特色

◆ 全手工制作的中式复古油纸伞
◆ 濒临失传的民间工艺朱砂画
◆ 手工制作的弓箭

清风笑，惹寂寥，还剩了一襟晚照

来大理之前，元方在上海开着一家古玩贸易公司。常年受古典氛围熏陶，元方也仿佛是一个活在古时岁月中的人。他的生活方式，比现代大部分人要传统许多，健康许多。

每天清晨，元方会去洱海边跑步，在那条熟悉的小路上等待日出。然后会心满意足地回到绾醮，闷不作声地钻进自己的手作工作室不再出来。

元方热爱自制古代弓箭，"会挽雕弓如满月，西北望，射天狼"。弓箭作为中国传统儒家"六艺"技能之一，有着极为悠久的历史，谦谦君子之风的元方好之，再正常不过。

江山笑，烟雨遥，红尘俗世知多少

元方的手工制作爱好远比人们想象中的多，除了弓箭，他还会做各式棋盘以及熏香。

现代首饰都显得古意盎然

1 | 2 / 3

1. 据说朱砂画的工艺已经十分罕见　　2. 独特的墙饰
3. 店里的每个细节都值得玩味

　　店铺里点的香都是元方亲手做的，香炉里的熏香青烟袅袅，在光阴中勾勒出几朵青花。

　　"香是颐养性情、启迪才思的妙物。"元方说着泡了一壶茶，用茶水冲刷着瓷杯，动作舒缓淡定。满室幽香中煮茶的水声令人心神荡漾，情不自禁想起石溪心月禅师那句偈语，"今日薰香瀹盏茶"，恍惚间浮生如梦。

沧海笑，滔滔潮，浮沉随浪记今朝

　　元方的店里主要售卖原创设计的首饰，还有他从贵州的大山里淘来的旧物。店里的招牌是手工制作的中式复古油纸伞和民间朱砂画。

　　来大理开店是因为中年的元方曾经经历了一段灰暗的日子，惆怅之后转念一想，这

何尝不是生活的一个新契机。话虽如此，伤痛也不是一时之间便能痊愈的，所以元方给自己的店铺取了拗口的"绾醺"二字，显然有着"青丝高绾石榴裙，肠断当筵酒半醺"的忧伤。

📍 店铺资讯 ─────────

地　　址：大理市古城人民路下段
特色推荐：手工制作油纸伞、朱砂画

喜书之在楼上杂货铺

—— 珍惜青春梦一场

"你们究竟叫「喜书」还是「在楼上」?"我困惑地问韩阔。

高大黝黑的韩阔沉默了一会儿,仿佛自己也有些困惑:"其实一直都叫「喜书」,因为这店最早是老莫的,他很早以前的店就叫「喜书」。"

"那「在楼上」呢?"我继续追问。

"就是在楼上啊,"韩阔抓了抓头,"后来我和二哥、晓慧也来了,于是上了二楼,就变成了「在楼上」。"

"我没听明白。"我看着韩阔。

"我也说不明白。"韩阔憨厚地笑了。

◆ 店铺特色

◆ 丰富的藏书
◆ 独一无二的藏区红酒和高原野生蜂蜜
◆ 传承民间手工艺的藤镯设计
◆ 定期教授冬不拉课程

年少痴狂梦一场

韩阔只有20多岁,内蒙古人,在加拿大读了六年书,电力工程师。

一次偶然进藏,让韩阔陷入了一场醒不来的痴狂,他在香格里拉的藏区混迹了七年,将整个生命的热情奉献给了那里,为此放弃了加拿大的绿卡,只留下被晒成重枣色的皮肤。

韩阔在那七年里成了地地道道的浪子,成日里造型邋遢,除了藏区文化,对一切都失去了兴趣。他对于藏区的人文风物如数家珍,甚至能叫出每座雪山和山谷的名字。

"《The Heart of the World》这本书对我一生影响巨大,我迷恋上书中对于转山的描写。"韩阔回忆。

后来,韩阔在香格里拉的藏区里找到一种红葡萄酒,是根据明代法国传教士传授给当地人的酿造方法制作而成的。由于当地日照长、海拔高、气候干燥,这种红葡萄酒拥有特别的清冽芬芳。

并不起眼的招牌，却是他们的梦想

　　"我们将这种红葡萄酒从藏区辛苦运出来在店铺里销售，是因为想将那段故事流传出去。"韩阔倒了一杯给我，还未入口，便为那股清香沉醉。

　　韩阔从藏区带出来的还不仅于此。"我们还组织了一场拍摄，记录在香格里拉的原始森林里寻找一种特别的野生蜂蜜的过程。"

　　那个盛产野生蜂蜜的山谷，韩阔叫它洛卡。这种蜂蜜在他们的店铺里也可以喝到，韩阔说他们卖的不是蜂蜜，卖的是大自然主题的生活体验。

　　作为一名老家在内蒙古的年轻人，韩阔理所应当有一副高大的身材，可是他此刻手上的活计却与他的形象极不相称。

　　除了在藏区寻酒和采蜜外，韩阔还有一个爱好，上山找藤。作为电力工程师的韩阔如今成了店铺里的藤镯设计师，"突然就爱上了这件事"，韩阔自己也有些诧异，一个大男人怎么就喜欢上了设计手镯。

　　为了寻找到合适的藤来做藤镯，韩阔会跑到尼泊尔和当地的采藤老人一起上山找藤。对于自己设计的藤镯，韩阔总结出三个特点：最好的藤、自己设计的唐卡图案、拥有最好的手工师傅。

　　对于一个20多岁的年轻人来说，韩阔的人生真称得上精彩卓绝。未来会怎样他无意规划，"反正还年轻，先做自己喜欢做的事"。韩阔笑得像个孩子。

在楼上的小小一角

1│2　　1. 在尼泊尔找到的珍贵的藤　　2. 香格里拉独一无二的红酒

烦恼时少快乐时多

喜书的大门并不正对人民路，而是在拐角处开了一扇浅蓝色的铁门，一楼堆满了各种杂物和老莫收藏的旧书，看得出这些书籍已有些年头，拿的时候需要小心翼翼以免弄破。

沿着狭窄的楼梯上二楼，氛围顿时变得活泼年轻起来，藏族风情的设计风格想必是韩阔的主意。二楼也有藏书，但更抢人眼球的是一个木质的大酒桶，里面装的就是喜书的招牌——藏区红酒。阁楼的墙壁上挂着许多剪纸作品，裱在画框里出售。靠窗的地方是张小木桌，韩阔经常坐在旁边的小凳子上设计手镯图案。最有趣的是角落里的品茶区，光线极好，阳光充沛，文艺青年们常常聚集在这里喝茶聊天，顺道打鼓、吹箫、弹琴，俨然喜书的乐器角。

在韩阔"喧宾夺主"之前，喜书是属于老莫一个人的，他才是喜书的创始人。

老莫是个书痴，多年前就做了喜书这个品牌，最早的想法就是一家独立书店。老莫看过很多书，也收集了不少罕见的独立出版物，他对一本书最高的评价就是两个字"好看"。

老莫是个话痨，他信奉的座右铭是"少说话，毋宁死"。朋友们都认为喝茶时老莫一定得在，他满肚子故事可以一直讲，讲到聚会结束。

老莫不是一个生意人，成立喜书就不是为了赚钱，他最大的抱负是让各种书籍得以流通。老莫最早将喜书开在洱海门的南原大木屋，收集他喜欢的书堆放在那里，做成一个流通的平台，欢迎各路朋友来喝茶聊天。

认识韩阔等人后，老莫感叹时光如梭，岁月老去，他发现自己的头发越来越少，肚子却越来越大。

"我决定将时代让位于年轻人。"老莫说这话时有些伤感，但伤感并未持续太久。书痴老莫将喜书的品牌传承给韩阔几人，自己退居二线，致力研究他的书籍流通事业，偶尔出来对于喜书的经营发表几句意见。

正是韩阔几人将喜书的位置搬到了如今的人民路上，在"人品豆腐坊"的二楼，于是又有了"在楼上"这个名字。"喜书之在楼上"，韩阔认为这样的称呼才能诠释清楚他们店铺的来龙去脉。

珍惜相聚的时光

喜书如今的主人除了老莫和韩阔，还有二哥和晓慧。是的，喜书一共有四个主人，三男一女，江湖人称好汉三个半。

二哥姓梁，有着这个时代最不接地气的职业——他是一位诗人。

二哥是店铺的店长，负责主持召开店铺会议，他坚持认为，为了喜书的可持续性发展，店铺必须能挣钱。

看着老莫、韩阔和晓慧三个不食人间烟火的文艺青年，身为店长的二哥不得不挑起经营店铺的重责，为店铺的经营发展冥思苦想。"可是我是一个诗人。"二哥叹气，"最不食人间烟火的人难道不该是我？"

语气虽然是抱怨的，但谁都听得出里面满满的幸福。二哥自然清楚，他经营的可不是一家店铺那么简单，他经营的，是四个理想主义者的乌托邦。

晓慧作为喜书目前唯一一位女性店主，她的爱好是民间剪纸和画画，在店铺里能看到许多她的作品。晓慧还在天真烂漫的青春年华，她并不担心店铺未来的发展，她相信坚持做下去，一切都会好起来。

"喜书之在楼上"的历史或许很快就会结束，韩阔说他们这栋小楼被卖出去了，新房东不可能再以便宜的价格出租这个阁楼给他们。

"可是喜书会一直存在。"韩阔的语气很坚定，"不管是在楼上还是在哪里，它都叫喜书。"

未来在何方有什么要紧，重要的是，他们四个在最好的年华为着梦想相聚在一起。

📍 店铺资讯 ────────────

地　　址：大理市古城人民路下段"人品豆腐坊"二楼
特色推荐：藏区红葡萄酒、野生蜂蜜、老莫的藏书、晓慧的剪纸、韩阔的藤镯

雅新手作
——随岁月优雅老去

雅新，服装设计师，多年品牌设计总监，喜欢纯天然的东西，喜欢纯手工的制作，喜欢去各地行走，走到大理爱上大理，于是便留在了大理。雅新手作坚持原创，坚持为懂她的人而作。

这段文字粘贴在雅新手作蓝色门框的玻璃上，以一种从容优雅的姿态概括了设计师的生命历程与生活态度。

◆ 店铺特色

◆ 资深设计师雅新的审美功底出众
◆ 每一件首饰都有独一无二的设计理念
◆ 完善的网络售后服务，可修复、可重新设计

多少人曾爱慕你年轻时的容颜

雅新很美，尽管她早已不再年轻。雅新在广州的服装行业里工作了20多年，作为一名资深服装设计师，她在自己的领域功成名就。

与大多真正热爱艺术的设计师们一样，雅新真正喜欢的生活多少有些不食人间烟火。为家庭付出了大半生后，她终于可以放下世俗的工作，纯粹地追逐自己曾经遥远的梦。

"我终于可以去过自己想要的生活。"雅新唇角含笑，人淡如菊。眼前这个优雅端庄的女子，年轻时的她定然让人爱慕，而如今的她，却在岁月中沉淀出另一种迷人的风韵。

老去那天你还在我身边

雅新手作里有两位主人，雅新和她的姐姐。姐姐看上去并不像雅新那么文艺优雅，

1. 雅新与姐姐　　2. 门前的三只小猫　　3. 别致的鱼形手链
4. 每一串珠子都有特殊的寓意

只是一个朴素的中年女人，平凡而温暖。

雅新负责各种原创首饰的设计、与材料供应商打交道、与客户沟通设计理念，而姐姐只是安静地在一旁沉默地穿着珠子，微笑着陪伴雅新忙碌。

"其实姐姐的生活远比我富有，她只是来陪我做我喜欢的事。"雅新对姐姐的支持充满了感激。

退休后的两姐妹开着车踏上了旅行的征途，来到大理后雅新不再舍得离开，"我突然萌生了开一家原创设计店的念头，而姐姐答应陪我住下来"。

透过雅新手作的玻璃门望进去，两姐妹的身影有些模糊，却是一幅世间最温暖的画。

平淡之后却留坚持在心间

做了一辈子服装设计的雅新最终却选择成为一名首饰设计师，原创首饰设计对于雅新来说更像是一种轻松的游戏。她跳出了以前商业设计的束缚，可以自由展现自己天马

行空的艺术才华。

　　在岁月中优雅老去的雅新对生活品质的要求很高，即便店里一张不起眼的凳子也是她从国外淘来的Burberry。她严格把关每一款作品的品质，为其提供最完善的售后服务。

　　"我希望雅新手作的每一款首饰都能伴随主人一生。"雅新如此坚持。

📍 店铺资讯 ───────────────

地　　址：大理市古城人民路下段400号
特色推荐：各类原创首饰

「引」首饰工作室
——生活，在路上

「那一天，我不得已上路，为不安分的心，为自尊的生存，为自我的证明。路上的辛酸已融进我的眼睛，心灵的困境已化作我的坚定。在路上，用我心灵的呼声；在路上，只为伴着我的人；在路上，是我生命的远行；在路上，只为温暖我的人……」

曾经『在路上』的阿南在古城里安定了下来，一家小小的首饰工作室，承载着她灵魂深处依旧渴望自由的悸动。

◆ 店铺特色

◆ 环境清幽的小阁楼很隐蔽
◆ 每一件首饰都是原创设计
◆ 汇集了大理十几位手作艺术家的作品
◆ 可到店铺参观，微信购买

在路上的生活

第二次世界大战后，美国的一群年轻诗人和作家以浪迹天涯为乐，寻求每一天全新的刺激，追求绝对自由，文学史上将他们定义为"垮掉的一代"，单词beat可理解为"潦倒"，却又被赋予了"欢腾"与"幸福"的内涵。

杰克·凯鲁亚克的《在路上》一书于1957年问世后，他成为"垮掉的一代"的代言人。几十年来，世界各地的文艺青年从不曾忘记那段荒诞却又浪漫的岁月，一代又一代的年轻人不断踏上"在路上"的生活，阿南曾是他们中的一分子。

阿南并非美术设计类科班出身。以前是一名在旅游杂志工作的记者，背着行囊走过世界各地，见识过形形色色的人。她还很年轻，却有着丰富的人生阅历。

说不清道不明是怎样的缘分，使以文字为生的阿南突然在行走远方的过程中迷上了色彩与画笔，突然对设计生出了狂热的情感。

为了抓住自己心中升起的这份朦胧的不确定的梦想，阿南毅然决然地放弃了众人羡

这么多种工具够专业吧

慕的工作，开始踏上学习美术与设计的人生道路，去了一家画廊实习。

在路边的生活

当阿南能够独立设计与制作原创手工首饰之后，她选择来到了大理古城，在人民路的路边摊上开启了自己的设计师之梦。

阿南说不上十分漂亮，却是一个见过一次便让人难忘的女子，清瘦、短发，有一种极为洒脱的气质。她衣着很简单，工作时身上围着一个大围裙，说话爽朗，不拘小节。

"那时的大理才是手工艺人的天堂。"阿南点燃一根烟，悠悠道。

几年前的大理古城与现在不同，商业化并不严重，人民路还是游客罕至的小道。相比游人聚集的复兴路，人民路是属于漂泊的流浪匠人的世界。

每天下午开始，那些从世界各地会聚而来的手工艺术家打开自己的包袱，在人民路的两边摆开了小摊，各种原创小作品，丰富精彩，给古城涂上了一道浓郁而明亮的艺术色彩。

"那时的生活没有压力，很快乐，只是简单做自己喜欢做的事，每卖出一件作品都会很满足。"阿南静静地回忆。

可惜的是，古城的商业化发展改变了一切。许多从网络上批发小商品来卖的职业商人涌入了人民路，单纯追逐艺术情怀的流浪手工匠人被迫与他们混在一起摆摊。

1. 精致的作品来自一针一线　　2. 曾经握笔的手学会了熟练使用这些工具

3. 匠人精神就凝结在这样的静谧里

"梦想变成了生意，多没意思，普通游客难以分辨手工与批量的区别。"阿南的语气充满遗憾。

于是，真正的手作艺术家只好花钱租下门面开起了小店，将自己与小商贩区分开来，继续自己的梦想。只是这样的梦想，无形间增加了重重压力。

在楼上的生活

阿南的"引"独立首饰设计工作室就是在这样的机缘下被迫成立的。

阿南没有足够的资金来租下一间独立的门面，于是与波兰琥珀店分租了一栋两层的小楼，阿南的店在楼上。

"引"独立首饰设计工作室并没有在路边挂招牌，需要走进楼下的波兰琥珀店才能看到它的指示牌。沿着波兰琥珀店转角处一个狭窄的楼梯往上爬，便能看到阿南的小店。

阿南的"引"充满了中式古典情调，大量运用了木头、竹帘、石头、藤编的元素，配上青翠的竹子点缀其中。

店铺门口的区域有一个首饰展示台，客人可以自由地、安静地欣赏阿南的设计作品。

踏进店铺就能看到有一半的区域都是阿南的工作台，堆满了各种首饰制作的工具。如果不刻意去打招呼，阿南会全神贯注地继续她手中的工作，头也不抬。

工作室里除了阿南自己的设计作品，还集中了大理古城内十几个与阿南类似的年轻手工艺人的作品。

"这家小店承载着不少像我一样生活方式的人的梦想。"阿南从不后悔放弃稳定的工作来经营如今的生活，无关金钱，只因为一路上的人生体验让阿南收获良多。

还好，生活总是回报给热爱它的人以幸运，工作室运营状况良好，尤其是微店销售很成功。

"不管我是在路边摆摊还是开着小店，其实我的心一直在路上。"阿南说完后，微微一笑，从容淡定。

♦ 店铺资讯

地　　址：大理市古城人民路下段315号二楼
特色推荐：原创手作首饰

比利时丁丁挖福
——爷爷的家传秘方

华夫饼多年来一直是人们下午茶时最喜欢的欧式甜点之一。正宗华夫饼起源于比利时，美国、英国、中国香港、韩国都对其进行过改良，以适应不同地区人们的口味。通常我们在国内吃到的华夫饼大多以中国香港和韩国口味为主。

丁丁挖福的挖福其实就是华夫的另一个音译，老板夫妇早就是老大理居民，没有太多商业化的痕迹，卖现烤华夫饼对于他们来说只是日常生活的方式，自有一种悠然自得的惬意。

◆ 餐厅特色

◆ 地道的比利时华夫饼口味
◆ 手工冰激凌也是这里的招牌产品
◆ 有各种进口汽水可以品尝

华夫饼也是有血统的

关于老板的国籍我听到过各种版本，有人说是比利时，有人说是丹麦，也有人说他来自美国西雅图。唯一能确定的是，老板的爷爷是一位拥有百年家传秘方的比利时人。

与港式华夫饼和美式华夫饼以松软、香甜著称不同，地道的比利时华夫饼有着独一无二的特色，分为列日华夫和比利时华夫两大类。丁丁挖福的招牌华夫饼属于比利时华夫，又叫布鲁塞尔华夫，饼身较厚，格子较大，除了搭配传统的牛油、糖浆、水果外，搭配每家店秘制的冰激凌也是很重要的吃法。

这就不难明白，丁丁挖福的另一款招牌产品便是其秘制的各种口味的冰激凌了。

二楼窗台外的风景

做爷爷教给自己的事

　　或许世界上每一个家族都有一个属于自己的厨房家传秘方，秘方记录的不仅是一份菜谱，更多的是一个家族的历史与情感。透过一份美食，人们跨越了时空，感受到自己家族在时间中的痕迹和一份岁月抹不去的血脉传承。

　　对于丁丁挖福的老板来说，在异国开一家小店，做爷爷教给自己的手艺，那便是对遥远的故乡最真挚的思念。如今的时代人们总是追求日新月异的变化，而疏忽了对于家庭传承的珍惜，像丁丁挖福这样，用一道经久不衰的甜品纪念对爷爷的深情，或许这故事本身便充满了人性的美。对爷爷的思念，何尝不是对自己童年的怀念。

阁楼上的幸福时光

除了阳光还有黑夜

当明媚的阳光从苍山而下一路洒满整座古城的时候，能够坐在小店里望着在那个格子状的烤盘上滋滋作响的蛋奶浆液慢慢凝固成外焦内嫩的美味华夫，再往上面舀上一大勺樱桃白兰地冰激凌，生命便香甜得让人陶醉。

丁丁挖福给人的幸福还不只如此，它的夜晚会变成一家优雅文艺的酒吧，不吵闹，不嘈杂。一杯进口啤酒配秘制冰激凌的口感，是大理古城内的熟客才知道的秘密。

餐厅资讯

地　　址：大理市古城人民路241号

电　　话：0872-2672211

人均消费：30元

特色推荐：原味糖霜挖福、樱桃白兰地冰激凌、香蕉船

花时间私房菜
——与幸福相关的事

有人曾总结过生命中最值得花时间去体验的幸福，诸如花时间助人，花时间健身，或者花时间微笑。时间对于每个人都是公平的，生命的质量在于怎样花时间做与幸福相关的事。

藏在广武路上的花时间私房菜，像是一处闹市深处的净土，安静的独栋小楼、阳光和鲜花的主旋律、老板一家三口的幸福生活，这一切都让人感受到生命里最美丽的那些元素。

◆ 餐厅特色

◆ 独栋小楼美得像童话中的房子
◆ 地道的粤式家常菜
◆ 环境清新文艺，二楼很安静
◆ 有可以晒太阳的小平台

花时间陶醉

如果要评选大理古城内最美丽的餐厅，花时间私房菜毫无悬念地可以排进前三。

这是一栋两层楼的房子，二楼的两扇大玻璃窗外用青砖砌成一个宽敞的花台，里面种满各种漂亮的花草，嫩黄、粉红、桃红，一簇簇在阳光下惊艳绽放。石墙上也挂着好些彩色的花盆，将房屋的外墙装饰得花团锦簇，五彩缤纷的颜色像是童话里的糖果屋。

二楼的平台不大，却足够让一个人欣赏院子里的美景。最爱午后的平台，高原特有的阳光灿烂地洒满整个小花园，搬一张小躺椅睡下来，酣睡在温暖的日光下，慵懒地花些时间陶醉在远处洱海吹来的清风中。

花时间期待

花时间私房菜是广东来的三口之家开的，老板夫妇和儿子。许多客人是偶然路过时

漂亮的独栋小楼

被美丽的小屋吸引进来的，打开菜谱，常常收获更多惊喜。一栋偶像剧布景般的房子，居然并不是什么昂贵的高档餐厅，只是一对老夫妇的家常私房菜，多么不可思议。

老板夫妇年龄已大，不善言辞，谈不上什么专业级的服务，却让人有种走进自己家的轻松愉悦。如果一时拿不准想吃什么，大可凭直觉随意选择，然后花时间期待一份超出自己想象的美食上桌——大部分时候，老板夫妇都不会让客人失望。

花时间喝汤

花时间私房菜的老板夫妇每天都会花很长时间煲汤，这是老派广东人的传统，用最家常的方式体现着他们对生活的热爱。

每到中午时分，阳光会从玻璃窗透进来，洒在靠墙的一排白桌子上。桌上的花瓶里插着的雏菊干花显得格外耀眼，餐厅里的音乐开始播放，常常会听到《Somewhere

清新自然的室内风格

Over the Rainbow》。

当一股浓郁的甜香从半开放式厨房里散发出来时，熟客们就会知道，招牌的玉米莲藕排骨汤即将上桌，宣告平凡的幸福时刻正式来临。

📍 餐厅资讯

地　　址：大理市古城广武路73号（杨家花园旁）

电　　话：0872-2534686

人均消费：30元

特色推荐：香锅牛排骨、秘制香锅鱼、老火靓汤

深夜食堂
——日夜颠倒的人情味

"一天又结束了，当人们赶路回家的时候，我的一天才正式开始。菜单只有墙上写的这些，你也可以点你想吃的，我做得出来就帮你做，这就是我的经营方针。"

这是《深夜食堂》的开篇，深夜食堂迷们都津津乐道的一段话，这番话几乎完全适用于大理古城内的这家深夜食堂。有人说夜晚会让每个人卸下伪装，这时点的菜肴都是有灵魂的，都藏着难忘的过往和难舍的记忆。深夜食堂里昂贵的菜肴有没有意义，那些是有价格的，但是都没有价值。

◆ 餐厅特色

◆ 只在夜晚营业
◆ 与众不同的人文风格
◆ 菜品好吃且便宜
◆ 流浪艺术家的聚集地

平凡的才是珍贵的

深夜食堂的老板LING是上海人，资深驴友一枚。漂泊到大理那一年，LING本没有打算停下脚步，然而各种因缘际会，使他最终留在古城开了一家属于自己的深夜食堂。

在租金飞涨的古城，LING选择了最为经济实惠的开店方式，他与人民路上的一家西餐厅合作，对方白天营业，晚上十点后的时间则属于LING和他的深夜食堂。

因此，白天没有人可以找到LING的深夜食堂。只有等到夜幕降临，大理四中对面那家叫作"炸鱼薯条"的餐厅关了店铺大门、高高挂起一个写着"深夜食堂"四个大字的红灯笼后，人们才会发现店铺那扇不起眼的后门被悄悄打开了。

或许因为《深夜食堂》这部漫画实在太火，许多粉丝都渴望能够在LING的店铺里吃到漫画里那些食物，诸如红香肠、隔夜的咖喱饭、猫饭等。

可是对此LING说了"不"，他说那是属于漫画人物故事里的食物，只有对于人物本身才有着不可替代的回忆与感动，而对其他人来说，不过只是普通的食物罢了。

古朴温馨的室内环境

　　"复制同样的菜品给没有情感关联的人，就失去了主要的价值。"LING坚持这样认为。LING的深夜食堂菜单上的食物是属于他自己和他的客人们的故事，是真实的情感体验，是世界上独一无二的纪念。

　　如同漫画里描述的一般，深夜食堂里的食物绝不会昂贵，都是一些家常却让人温暖的名字。葱油拌面或是蒸蛋羹，卤鸡腿或是冬瓜茶，这些平凡的家常菜对于每一个平凡人来说，才是一段无法复制的珍贵记忆。

一盏灯光治愈孤独

　　有网友这样评价深夜食堂："当喧嚣沉寂，繁华消逝，墨色如潮水般尽染，万籁俱寂之时，孤独的心、疲惫的身纷纷来到这里沉淀、沉溺与沉迷。也许是因夜幕的浸染，遮住了白昼里死死烙刻在他们脸孔上的成功者、失败者、颓废者的标签，让他们只以最原初的身份——'人'来示人。"

　　LING说来他深夜食堂的客人大多是生活在古城里的人，他们中有摆摊的街头手工艺人，也有在咖啡馆、酒吧打工的年轻人，或是漂在旅途中的音乐人和写字的人。有第一次来的陌生客人，通常只是点了东西安静吃饭，也有彼此认识的熟客，会打个招呼聊聊家常。

卤鸡腿饭 8/12
卤鸭腿饭 11/15
卤肉饭 12-
菌菇烩饭 12
葱油拌面 12
炸猪排 15.

蒸蛋羹 7
酒酿圆子 8.
玫瑰仙草冻 6
双皮奶 12-
(红豆/原味)
酸菜蛋炒饭 12

卤肉飯 麵 � 13
葱油拌麵 ￥13
紅烧牛腩麵飯 ￥24/22
酸菜蛋炒飯 ￥13
椰香咖喱飯 ￥18
冰泉蛋羹 ￥
桂花酒酿圆子
玫瑰仙草冻

冰饮
黑咖
冰镇
椰汁
玫瑰
牛
冬瓜

法式
卤鸭
卤鸡

充当菜单的小木牌

1｜2　　1. 简单的葱油拌面让人念念不忘　　2. 便宜好喝的冬瓜茶

当然少不了《深夜食堂》的粉丝们的偶尔拜访，询问LING可否像漫画里一样随便点。LING会抱歉地回答"不好意思，不行啊"。

我去的几次都会碰到一位街头流浪手工艺人，他已经是位老人，在夏末披着厚重的大衣，头发蓬松而凌乱，戴着一副镜片很厚的眼镜。他的那条狗，白日里陪伴着老人在人民路摆摊，晚上则跟随主人拜访LING的深夜食堂，日复一日地吃着熟悉的食物，平静地度过似水的流年。

LING很清楚，深夜食堂是赚不到钱的。深夜食堂只能卖便宜的食物，因为在这个时间点来吃饭的人为的只是人生的某种情怀，"销售人情味"是LING开深夜食堂的信仰，因此店铺里最贵的一道食物是38元一份的蒜香海鲜意面，人气十足的葱油拌面只需要12元。

深夜食堂也不能扩张，商业化的运营模式会丢失深夜食堂的灵魂。深夜食堂，只能是一家不起眼的小店，藏在夜色中的角落里，等待走在深夜里的过客。"太热闹，雇大量员工，也就容易失去了深夜食堂的人情味。我是买菜、准备、点单、做菜、刷碗、打扫都是一个人。偶尔也有顾客朋友帮忙，那也是人情。"LING这样诠释着他理解的人情味。

LING说，这个世界上总有人会做自己喜欢却不赚钱的事。他的深夜食堂，只是想为疲惫孤独的夜行者点亮治愈的灯光。

原谅我日夜颠倒

不管店里是否有客人，LING都会在凌晨时分的深夜食堂里一边听着音乐，一边耐心等着属于今晚的客人。

朋友们担心长期这样日夜颠倒的生活方式会伤害LING的健康，他自己倒不以为意。LING曾经在一次采访中这样讲述他的心情："每天凌晨我洗过碗，拖了地，倒好

老板在厨房里忙碌的身影

垃圾，踏着破晓前的月色往住处回。总是会有'一天的工作终于结束了，可以好好睡一觉'的感觉，不用担心任何第二天的事，没有进度催促，没有力不从心的烦扰。这是一份体力活，却也是一份自由的体力活。"

LING说自己虽然总是在下午醒来，但生活却比在上海时更有规律，更健康。天气好的时候，他会利用下午的时间上苍山跑跑步，去洱海游游泳。

有客人说LING是暖男，或许这正是深夜食堂老板应有的气质，冰冷的深夜里人们需要暖心和暖胃。这一年大理的冬天来得很突然，"老板，桂花酒酿圆子！"客人从寒风中冲进温暖的深夜食堂。LING温和地一笑，"加个鸡蛋吧，暖和"。客人也会心一笑，"好，加个鸡蛋"。

《深夜食堂》一书腰封上有这样一句话，"每个人都渴望有一个这样的地方，填饱饥饿的胃与疲惫的心"。LING的深夜食堂，恰好就是这样的一个地方。

📍 餐厅资讯 ———————————————

地　　址：大理市古城人民路259号（大理四中斜对面的"炸鱼薯条"）
电　　话：13636360694
人均消费：20元
特色推荐：蒜香海鲜意面、葱油拌面、冬瓜茶、咖喱炸鸡块

万事屋餐厅
——自然卷的人都不坏

《银魂》是日本著名漫画，以"吐槽、搞笑、无厘头、脑洞大开"闻名。喜欢《银魂》的人是长不大的孩子，同时又是最深刻的解构主义学家，他们天真、热血，他们用吐槽的方式深爱着世界，他们的信仰是『自然卷儿的人都不坏』。

万事屋餐厅便是一家藏在人民路小巷内的《银魂》主题餐厅，位置隐蔽，老板娘沉默，菜单简洁却温暖得让人感动，与《银魂》里那个自然卷儿的家伙一样。

◆ 餐厅特色

◆ 菜品简单清淡，有家的味道
◆ 《银魂》主题的室内设计
◆ 环境幽静舒适，文艺气息浓郁
◆ 营业时间到深夜，提供消夜

极简日式风情

万事屋藏在人民路往天主教堂走的那条小巷子内，青石墙上钉着几排花架，木头围栏里的月季在阳光下娇艳欲滴。茂密的藤蔓沿着房檐往下延伸，墙角下栩栩如生的壁画画的是宠物犬定春。万事屋会营业到凌晨两点，全名为"万事屋深夜食堂"，我曾混淆了它与另一家"深夜食堂"。

餐厅里座位不多，但环境极为雅致，简洁的木头桌椅、藤编的灯罩，还有桌上的一大瓶鲜花。这一切真像是从日本漫画里走出来的那种餐厅，一个有故事的老板、一段传奇的人生。

二次元的墙就这么毫不费力地被打破了。

黄昏中的万事屋

1 | 2　　1. 雅致清新的日式小店风格　　2. 温馨的家常菜

简约的生活美

万事屋里通常只有老板娘一个人，她话不多，有些沉默，传闻间便染上了神秘的色彩。据说她从重庆来，也听闻她曾是五星级酒店的大厨。

万事屋没有纸质的菜单，只是在墙上挂着三块小黑板，全部的菜品都写在上面。几款常见的家常盖饭，一些小吃和饮品，万事屋里没有复杂的菜式，但每一样都做得十分用心。从汤品的制作便可见一斑，银鱼豆腐汤鲜美浓郁，乳白色的汤汁上撒着几粒碧绿的葱花，光是卖相就已经让人食指大动，可这一碗用心熬制的鱼汤只卖六元。

夜色里的歌声

黑夜里的万事屋很温暖，满屋子的文艺氛围在昏黄的灯光里更显深沉。墙上那些《银魂》主题的壁画给餐厅添加了几分清新与活泼，而这时透过窗子眺望夜色里的隔壁酒吧，耳边听着歌手唱起沧桑动人的旋律，世界仿佛有些失真。

直到有客人推门进来，对老板娘熟稔地招手，"鸡汤馄饨照旧"。这时才恍然大悟，原来听着歌声，早已不知不觉到了吃夜宵的时间。

📍 餐厅资讯

地　　址：大理市古城人民路天主教堂巷子

电　　话：15998989322

人均消费：30元

特色推荐：日式照烧鸡饭、银鱼豆腐汤、冬阴功汤

壹路小馆
——窗内外的风景

人民路下段的许多美妙风景总是藏在一些不起眼的小巷里面，壹路小馆的招牌只是一只小小的蓝色灯箱，竖立在高处，有时来回走上几趟，也未必会抬头多看一眼。

壹路小馆有一个很漂亮的窗台，每一个路过的人都会情不自禁地被吸引。窗户像是一个奇妙的魔法，人们习惯将窗外的风景定义为未知的天地，而窗内的灯光则是属于自己的秘密。

◆ 餐厅特色

◆ 路边美丽的窗台
◆ 小院子漂亮精致
◆ 菜式味道出色且便宜

窗外是岁月的年轮

几年前的新民路还是一条十分僻静的小巷子，偶尔有几个孩子嬉戏着跑过，很难见到行人的踪迹。

现在比以前走的人多了，但巷子里那种沉淀了岁月的清幽仍在。路边的石墙上长满野草，春天的时候会从缝隙里开出几朵小花来。壹路小馆在墙边摆放了几张桌椅，支开宽敞的遮阳伞，供客人小坐。

透过窗户看出去，恰好能看到巷子的小路向着前方延伸的线条，仿佛没有尽头，隔壁家檐椽上的风铃时而发出几声脆响，一声声镂刻着这条路上关于年代的记忆。

窗台是生活的情趣

壹路小馆的窗台上面摆放着老板对于幸福生活的诠释。古旧的瓷器里插着清晨从花市买来的鲜花，旁边小瓶子里是一株刚剪下的花枝，一座木雕的古兽蹲在其中。还有一

窗台上独有的风景

个藤编的篮子和一个木质的托盘，托盘里有两个金灿灿的小瓜，五个瓷碗里装着五种颜色的谷物豆子。

这些家常的食物装点在窗台上，仿佛在展示着餐厅的理念——自然与健康。壹路小馆主打的招牌产品是老火炖汤和古法糖水，这些传统的中国料理并不稀罕什么珍贵的食材，而是用一些最普通的东西，将平凡生活的情趣用心熬制到一个小碗里。

窗内是尘封的记忆

壹路小馆环境清幽，即便是饭点时分客人也不会太多，来这里的熟客大多是喜爱安静的，只是默默坐在自己的位置上品尝桌上的饭菜。

壹路小馆后面有个小庭院，院子里只有一张桌子，四周是石头垒砌的花坛，青石墙上用枯竹围起一圈屏风，平添了几分雅致。

后院里雅致的露天座位

　　庭院的角落有一个残破的木箱，里面装着一些叫不出名字的小物件。老板并不多话，说那只是关于过去的记忆，随意地放置进去，让岁月自然去尘封往日斑驳的光阴。

📍 餐厅资讯

地　　址：大理市古城新民路中段

人均消费：30元

特色推荐：姜葱蒸鲫鱼、古法糖水、老火炖汤

人民路上段
生命有那么多种可能

人民路是大理古城最重要的一条东西主干道，相较于下段的热闹繁华，上段游人少了许多，显得清幽宁静。

这是一条节奏缓慢而有序的小路，充满自由和安宁的气息。大名鼎鼎的88号西点从博爱路搬到这里，让客人可以在花园里迷迭香的清香中享受安静的早餐时光。还有苍山脚下的韩国三号家庭客栈，精致、便宜的韩餐吸引了不同国家的旅人欢聚在一起，留下彼此属于大理的美好记忆。

韩国三号家庭客栈
——幸福就那么简单

见到阿席的第一眼，便知道她必然是个有故事的女人。她曾经投入全部的精力与热情为藏区的孩子做各种公益活动，如今婚后在大理定居下来，依旧没有放弃这份理想。

阿席遇到丈夫阿金是一份朴实却又浪漫的情缘。她来自东北，他来自韩国，他们在大理相识相爱。都不再是青春梦幻的年纪，却因此那么确定，对方就是自己要携手过一生的人。于是在大理安居乐业，有了韩国三号家庭客栈——大理唯一的韩式家庭旅馆。

◆ **客栈特色**

◆ 感受家庭式客栈的亲切与温暖
◆ 餐厅的设计有着浓郁的艺术氛围
◆ 室外花园的夜景很美
◆ 韩餐地道，价格实惠

多情的花园

韩国三号家庭客栈开在古城外面的石门村，沿着人民路一直往上走，过了国道不远便到。客栈有三层，楼下有一座中式古典花园，有假山，有喷泉，有凉亭，凉亭上写着"月云庭"。然而，最先映入眼帘的却是一幅淡蓝色的壁画，画风是韩式的，画面上是一对年轻的情侣，穿着韩国古代的服装。寥寥几笔的线条，勾勒出青瓦墙檐、月影黄昏和旖旎的情思。

这样一幅画，或许隐喻的便是客栈的男女主人阿席与阿金的缘分，偶然的相遇，便是默默相伴一生。韩国三号的花园极美，白天与黑夜是两种风情。白日里的花园阳光明媚，木质的凉亭清新雅致。木亭旁细长的翠竹环绕，中间偶尔冒出几朵艳丽的玫瑰。玫瑰旁是乱石，平添了几分自然生趣，而乱石丛中藏着艺术感浓郁的根雕，那是男主人的爱好。

夜晚灯光中的花园如梦似幻

　　白日里的阳光就这样懒洋洋地洒在花园里，流水潺潺，岁月静好。泡一杯红茶，躺在凉亭里的长椅上，若不是抬头看见苍山上飘来的白云，几乎都要忘记自己身居何处。客栈里白天客人很少，花园里清幽而温暖，通常都只有我一个人静静地坐着，看女主人在角落的厨房里忙碌。整座花园，仿佛成了我的小天地，关于大理风花雪月的浪漫幻想，都融入此情此景，无声无息。

艺术家的餐厅

　　韩国三号的室内餐厅不仅是餐厅，它更像一座艺术展览馆，是一个会让人流连忘返的地方。素色的地砖，四周和天花板都是原色木板，墙上钉着木板架，整整齐齐码放着各种书籍。最吸引人的，是满屋子的各种艺术木雕，可以用琳琅满目来形容，让人眼花缭乱。

　　男主人阿金酷爱艺术木雕，经常前往昆明一个艺术家朋友那儿淘来各类有趣的木质艺术品。在韩国三号客栈里，这些木雕随处可见，室内餐厅里的展示格外丰富。憨态可

艺术气息弥漫的餐厅环境

掬的木雕娃娃、展翅欲飞的苍鹰、精致的茶具、旧式窗棂、造型奇特的墙画，都是阿金的珍藏。这些充满艺术情趣的木雕作品将整个餐厅变成了让人惊艳的展览馆，仿佛一不小心走进了童话世界，处处是生命力洋溢的童真快乐。

不难猜测，不善言辞、有些内向的男主人阿金心里一定住着一个孩子，他将自己的童趣都展示在了这间室内餐厅里。然而生活中的他，却是一个阅尽人生世事后沉淀下来的成熟好男人，他沉默的背后是勤劳与付出，他默默地打理着这家客栈，尽力使它成为一个最温暖的家。

一楼的公共区域摆放了电视与沙发，温馨得像是家里的客厅。沿着木质楼梯上了二楼，楼梯的木墙上也处处装饰着精致的木雕娃娃。走上二楼，眼前豁然开朗，公众空间十分宽敞，从窗外望出去，能看到苍山的轮廓。比起一些精品客栈，韩国三号家庭客栈的房间并不算舒适，甚至有些简陋，没有电视。但房间很大，很干净，墙壁和天花板都是木质设计，床上用品合格，热水充足。

由于客栈在古城外面，夜晚格外宁静，白日里喧嚣的世界仿佛突然间全部静谧下来，对于一个疲惫的旅人来说，足够舒服地歇息一晚，安眠好梦。

1｜2　　1. 好吃的烤牛肉，还附送了免费的咖啡　　2. 地道的韩式部队锅，寒夜里吃起来特别暖和

夜色下的美食

韩国三号家庭客栈最值得推荐的地方除了展览馆一般的室内餐厅外，还有两个亮点：一是客栈配有一家韩式料理餐厅，阿金主厨；二是他家的室外餐厅就在花园里，可以坐在凉亭中就餐。夜幕降临，花园里的灯亮了，美丽的蓝光投射在古典山水园林的每个角落，看到假山月影朦胧，听到水流潺潺的流动，品尝着阿金端上来的地道韩式料理，有一种如临梦境的虚幻感。

晚上来就餐的客人很多，大多都是长住在大理古城里的外国人或是流浪艺术家。若是不想排队，最好早一点到，他家的韩式餐厅被称为"宫中花园"，餐厅也可以接受自助餐Party预订，早就成为古城新旧移民的聚会场所，在小圈子里颇有名气。

即便生意很好，阿金和阿席依旧坚守着家庭客栈应有的态度，他家韩式料理的价格很便宜，品种也很丰富，从部队锅到烤牛肉，从韩国冷面到啤酒炸鸡都品质出众。

饭后阿金会用他不标准的中文小声地问每位客人，"需要一杯免费的咖啡吗？"那一刻，每个人心中都会涌起一股融融的暖意。

无论是否选择居住在韩国三号家庭客栈，那里的宫中花园韩式餐厅都值得一去。特别是晚上，那种古典的意境，那种来自世界各地不同文化与语言的交流，都让人流连忘返，不忍离去。

📍 客栈资讯

地　　址：大理市古城石门村（人民路上段，出古城门对面）
电　　话：15894585411
预订方式：网络/电话
房间价格：200～400元

鸟吧咖啡
——无人搭理的自在

第一次去大理是2006年，那时我手里拿着一本《大理的游侠时光》。书里介绍了一家咖啡馆，说它最大的特色便是主人懒得搭理你。这一点，吸引我在那一年第一次踏入了鸟吧咖啡的大门。

九年后，鸟吧咖啡还在人民路上，默默坚持着它的原则——除非必要，无人搭理你，随你清净自在。

◆ 饮品店特色

◆ 古城15年历史的老咖啡馆
◆ 主厨是中国香港人，以前开日式餐厅
◆ 环境宁静而文艺，适合一个人发呆
◆ 很多人喜欢他家的手工玫瑰酸奶

百年老房的故事

荣洁是一位版画艺术家，漂泊过许多地方后选择了定居大理。鸟吧15年前便存在了，而如今的这座人民路22号的房子却是荣洁无意中寻觅到的。

老房子已经有上百年的历史了，年久失修，荣洁找到了一位60多岁的当地老师傅，只有他能还原传统的木结构。在老师傅的帮助下，荣洁终于拥有了她想象中的房子。

老师傅用外推式木窗解决了白族老房昏暗的室内光线，使得咖啡馆简洁明亮，通透自然。鸟吧的熟客都喜欢坐在正对木窗的位置，发呆看书，不必与人交谈，感受这里不一样的清静与自在的快乐。

午后窗边的明媚阳光

众口未必难调

鸟吧咖啡的手工酸奶名气在外，只要是爱喝酸奶的人，没有一个不赞不绝口。手工制作的本地新鲜牛奶配上优质玫瑰花酱，每一口都让人感动。"真是一件幸福的事"，有网友这样描述吃他家酸奶的感受。

主厨来自中国香港，曾在中国香港开日式餐厅，因此鸟吧咖啡的日本料理也是十分出色的，烤三文鱼头深受欢迎。

鸟吧咖啡的招牌菜是属于资深大理人的秘密，他们喜欢选一个宁静的黄昏在鸟吧相聚，避开古城其他区域的热闹，在一片静寂的悠然里回味往昔古城的韵味。

无事此中坐，一日是两日

鸟吧咖啡最大的特色是安静，相比较人民路下段的热闹，上段的环境显得格外清幽。保持最舒适的距离，给客人足够的空间，这是鸟吧咖啡坚持了15年的服务理念。

随意堆放的有趣杂物

　　鸟吧如今也有自己的客栈，住店的客人常常来咖啡馆里闲坐看书。鸟吧咖啡以安静著称的名号似乎在多年前便已不胫而走，来发呆静坐的客人尤其多，大家在这里不言不语，喝茶，打瞌睡，时光静谧得仿佛要停止。

　　相逢何必曾相识。此心安处，便是吾乡。

$\frac{1}{2}$ 1.复古风情的窗台　2.带着岁月痕迹的老木柜

📍 饮品店资讯

地　　址： 大理市古城人民路上段22号

人均消费： 30元

特色推荐： 手工玫瑰酸奶、烤三文鱼头、蔬菜沙拉

耕芸有机玫瑰园

——IT男的玫瑰梦

离开大理三年后重回旧地，最大的感触是古城的大街小巷多了许多卖玫瑰花系列商品的店铺，诸如玫瑰花酱、玫瑰花糖、玫瑰花酒……在这些大同小异的商品里，简海慢生活客栈老板向我认真推荐了耕芸有机玫瑰园的产品，「他家的东西不一样」。

带着对「不一样」的想象，我找到了位于人民路上段的耕芸有机玫瑰园。

◆ 店铺特色

◆ 店铺里晾晒着许多玫瑰花
◆ 他家有自己的有机玫瑰田和薰衣草田，可参观
◆ 有机玫瑰产品种类很丰富
◆ 和老板阿樊聊天，他会请你喝玫瑰茶

深圳的IT男做着大理的梦

阿樊在深圳工作多年，爱好背包旅行的他去过许多地方，永远向往着远方，永远不必为谁停留，然而阿樊的永远并没有持续太久，大理终结了他的浪子梦，美丽的古城让喜欢漂泊的阿樊再也舍不得迈出步子。

阿樊冥思苦想很长时间，不知道作为IT男的自己可以在大理找到怎样的工作。直到有一天，大理迎来了四月玫瑰盛开的季节，看着漫山遍野、芬芳扑鼻的高原玫瑰，阿樊突然找到了自己的人生目标。

清香弥漫的店铺里，老板常常独自饮茶

那一场风花雪月的事

不懂浪漫的IT男阿樊却在大理苍山洱海的风花雪月中，做起了一场关于玫瑰的梦。他凭借在深圳多年积累的生意头脑，毅然决然租下了几块花田，决心自己开发一个有机玫瑰品牌。

在经历了一年花期后，阿樊真正拥有了自己的有机玫瑰园和薰衣草园，如今已经可以对外开放。

作为以木讷著称的IT男，阿樊如今已经习惯在鲜花簇拥中淡定从容地为客人泡上一杯香气扑鼻的玫瑰茶了。

1│2　　1. 老板亲手冲泡的玫瑰茶　　2. 涂在面包上很好吃的玫瑰花酱

我的未来不是梦

生意头脑出众的阿樊在短短的时间里，很快打造起来了他的有机玫瑰品牌——耕芸。从玫瑰花茶、玫瑰花酱到玫瑰精油，耕芸的名气在古城已经传开来。

阿樊的产品比其他品牌稍贵一些，但他对自己产品的质量很有信心，"完全是不一样的"，他打开一罐玫瑰花酱给我闻，"我从不用任何玫瑰碎片，全是整朵的有机玫瑰"。阿樊的有机玫瑰园没用任何化学肥料，保留着玫瑰最天然的芬芳。

坚持终于等来回报，阿樊如今最大的客户是恒大集团，"我只是单纯爱着大理，想找件事做，留下来，如此而已。"阿樊成功地在大理找到了他的玫瑰梦，这个梦很香甜。

📍 店铺资讯

地　　址：大理市古城人民路上段
特色推荐：有机玫瑰花酱、有机玫瑰精油

餐厅
CANTING

88号西点店
——KK太太的幸福餐厅

KK太太的全名叫"Karine Kafirel"，德国人，2007年便来到大理，苍山洱海的风花雪月让退休的她下定决心在古城定居下来。

那时的古城游人不算太多，日子很悠闲，岁月很漫长，KK太太租了玉洱小区的88号住下来。

KK太太很贤惠，最擅长的事情都在厨房里，退休后的她并不打算无所事事，于是，玉洱小区88号成了她的第一个烘焙工作室。

不知不觉中，时光缓缓流过了八年，如今的88号西点店早已是另一番模样。

◆ 餐厅特色

◆ 大理古城里最专业的西点店
◆ 所有面包、蛋糕都不含添加剂和防腐剂
◆ 性价比极高的早餐套餐
◆ 漂亮的小院子里种着迷迭香

早餐是阳光的

从玉洱小区88号搬到古城的博爱路上已经是好几年前的事了，那时的KK太太只是请了一个当地白族小姑娘做帮手，里里外外主要靠她自己打理。

那时候到店里，常常会碰到正在烘焙蛋糕的KK太太，她微笑着面对语言不通的客人，邀请对方试自己的新手艺。

如今，西点店已经搬到人民路上段，规模也比之前大了不少，店里的服务人员也比以前专业了许多，不再是那个有些内向羞涩的白族小姑娘。至于KK太太，现在在店铺里碰到她的机会不多，但好在甜点的味道却是越来越出色。

西点店提供早餐套餐，鲜榨果汁、煎培根双蛋、水果和各种面包，其中意大利面包、全麦或是白面包都是新鲜出炉的。

充满趣味的玄关设计

西点店的室内环境明亮整洁，木质桌椅配上五颜六色的布艺靠枕，墙上的木头画框里是鲜艳的抽象水彩画，欧式空间里融合着白族风情的元素。

来这里吃早餐的多是外国人，或许他们对于云南饵丝和米线依旧无法习惯，在明媚的阳光里吃到新鲜出炉的黄油面包才是他们幸福一天的开始，若是鸡蛋煎得火候刚好，水果正当季节，那一切便完美了。

下午茶是甜蜜的

对于一家以提供优质面包和蛋糕为招牌的西点店来说，下午茶的质量决定了这家店的文化气质。

若是要论下午茶的历史底蕴与品位深度，德国自然是无法与英国相提并论的，但是严谨认真的德国人对于生活自有一种他们独特的热爱与执着。下午茶在德国被称为Kaffee，是一个让人一看便有着亲切而且满足感觉的单词，仿佛带着咖啡的浓厚香气。

可以买回家的有机食材

有一种德国特色食物叫作teewurst，下午茶香肠。之所以叫下午茶香肠，是因为德国人吃下午茶时，爱将这种香肠挤出来涂抹在三明治上吃。由于香肠内含百分之三十左右的脂肪，可以很轻松地将挤出的肉酱均匀涂抹在面包上，味道醇厚，令人回味。

香肠由两份未加工的猪肉或者牛肉，加入一份烟肉剁碎制成，用山毛榉木熏制后，将肉塞进肠衣，然后放置七天到十天使香肠成熟。KK太太在88号准备她的私家秘制德国香肠，等待每一个对德国饮食文化感兴趣的客人来品尝。

西点店的招牌下午茶产品是树莓蛋糕，香滑的奶油不腻，新鲜的树莓酸酸甜甜，是游人之间口耳相传的推荐甜点。

下午茶时间适合坐在室外的院子里，88号的院子是一个雅致的小花园，有着修剪整洁的花草，环境清幽。KK太太在院子里种着迷迭香，可用作一些食物的新鲜香料。

到88号去喝下午茶，可以试试印度奶茶，肉桂香浓郁，喜欢的人会迷上那份独特的口感。

除了树莓蛋糕，百香草蛋糕和杏仁蛋糕也是热卖产品。另外，他家的自制冰激凌在

夜晚时分这里会坐满各国的旅人

雅致的后院种着迷迭香

古城也赫赫有名，其中也以树莓口味的最为出色，而椰浆藏红花味也深受大家喜欢。

天气晴朗的午后，偷得浮生半日闲，在88号的院子里小坐片刻。一小份蛋糕、一杯奶茶、一球冰激凌，空气里飘着迷迭香的味道，时间也似乎变成了甜的。

晚餐是浪漫的

来KK太太店里吃晚餐的外国人很多，时常在八点左右还有人排队。

正宗德国人的晚餐很善于翻着花样做土豆，不太能勾得起中国人的食欲。幸好在大理住了八年的KK太太深知满足中国人的胃不容易，除了准备地道的德国香肠和各种芝士外，她以一名德国人的认真态度尽可能开发了诸多美食，三文鱼奶酪、面包圈三明治、芒果鸡肉三明治、培根蛋汁意面就是其中的经典。

KK太太的晚餐确实是地道的西式口味，尤其是面包要硬，嚼劲十足。习惯在国外生活的人倒是会评价一句"果真德国"，但这地道的德国口味却不怎么被一般的中国人接受。似乎不管怎么努力，一位德国老太太也很难让自己做的菜让中国的美食家们众口一致，因此到店里吃晚餐的客人总是西方人多些。

中国的年轻人也是热衷前去的，但大多喜欢那里的氛围多过于口味本身。88号西点店的晚餐时间别有一番风情，恍惚间自己像是置身于一部华丽的电影背景中，来自五湖四海不同肤色的人聚在这一处小小的温暖的空间里，说着天南地北的语言，刹那间不知今夕是何年。

那一刻，每个人都能感受到来自德国的KK太太施加于88号的幸福魔法。

📍 餐厅资讯 ————————————————————

地　　址：大理市古城人民路17号
电　　话：0872-2679129
人均消费：40元
特色推荐：树莓蛋糕、印度奶茶、德国法兰克福香肠

坏猴子酒吧
——只是怀旧而已

想不起坏猴子出现在人民路是哪一年的事了，只记得2008年的春节，一大帮朋友在他家吃了一顿披萨，原因是它大言不惭地在门口的小黑板上写了「或许是全中国最好吃的披萨」的字样。

这次去已相隔七年，坏猴子的一切都还是老样子，唯一的变化是门口的小黑板上写的「或许是全中国最好吃的烤肋排」。好吧，它赢了！

◆ 餐厅特色

- ◆ 长住古城的外国人聚会的地方
- ◆ 每周推出不同的主题套餐
- ◆ 自家酿的啤酒口碑不错
- ◆ 带着沧桑、带着另类、带着些痞子气

牛皮吹破天又怎样

坏猴子从没打算正经过，在七年前被忽悠着吃了他家号称"全中国最好吃的披萨"后，我领教了坏猴子莫名其妙的自信。

七年后，它依旧告诉我他家有"全中国最好吃的烤肋排"。坏猴子说这些话并不是骗人，这是它的一种姿态，我的厨艺马马虎虎，可是这不重要，重要的是我坚定地自信着，大胆地吹着牛皮。

坏猴子凭借它这股与众不同的腔调在人民路上生存了许多年，成为老大理们心中一道怀旧的风景。

关于哥的江湖传说太多

所有大理人都知道坏猴子的老板是外国人，这里也是古城外国人最爱的聚集地，然

仿佛欧洲街头酒吧的风情

而有人说老板是英国人，有人又说是德国人，江湖传闻，没有定论。

坏猴子的设计风格有些哥特的血红，有些摇滚的激情，有些西部的不羁。在满城尽是小清新的大理，坏猴子从来都是另类的代表。没有人说得清楚究竟是为什么，它从不刻意讨好游人，但每当夜幕降临，四周的酒吧有些萧条时，坏猴子总是高朋满座，客人们来自世界各地。

欢迎来这里怀旧

人民路这些年变化很大，不少老店易主，只有痞子气十足的坏猴子一直坚持做着这条街上的老居民。

坏猴子没改过装修，任由时光在它身上留下斑驳的痕迹，连他家的菜单也变成标本般在岁月里固化。周一是墨西哥大餐、周三是加拿大烤肋排、周五是印度大餐、周日是英式烤肉，这四种套餐年复一年、日复一日地在坏猴子的时间轴里滚动着。不管哪一年

鲜红色的室内色调

来看它，它都是老样子，保管着大理那些最珍贵的记忆。

　　坏猴子里一帮外国人做出来的食物从来不够美味，但价格实惠，只要不挑剔，便能享受老资格的大理怀旧时光。当然，他家自酿的啤酒那倒是真正值得推荐，黄、黑两种，口味清淡微甜，适合热爱微醺的旅人。

📍 餐厅资讯 —————————

地　　址：大理市古城人民路59号

电　　话：0872-2675460

人均消费：50元

特色推荐：自酿黑啤、炸鱼薯条、牛肉洋葱炒面

见山小厨

——优雅的炸酱面

许多人都误以为见山小厨是一家日本料理店，店铺招牌和室外环境文艺气息十足，若不是小黑板上『北方面食』四个大字展示了见山小厨的真身，那就容易错过了。

店主阿姨的手艺很出色，有着家里妈妈的味道。然而这还并不是她最让人温暖的地方，问她为何从北方到大理开店，她说了一句很简单的话：『我女儿爱这里，我为她留下来。』

◆ 餐厅特色

◆ 环境清新文艺的面食馆
◆ 面食种类丰富
◆ 北京炸酱面美味而地道

好吃不过炸酱面

说不出什么原因，在路过见山小厨的一刹那，好想吃一碗炸酱面的念头占据了整个脑海。

炸酱面是最简单的一道家常主食，却又十分讲究，精华全在炸酱上。酱一定要用干黄酱和甜面酱，猪肉则是精肉和肥肉三七比例，分切成小丁，用姜、葱煸炒。随着一年四季的变化，拌面的"面码儿"几乎可以不重样。

用最虔诚的心态做出一碗极简主义的炸酱面，本身就是一种生活美学。见山小厨的北京炸酱面，便能让人在最平凡的食物中吃出最感动的滋味来。

最美不过是母爱

除了炸酱面，见山小厨的店主阿姨还会做天津大包子、疙瘩汤、猫耳朵等五花八门的北方面食。她有着北方女人特有的爽朗与热情，不会过于殷勤，但一定让人心底温暖。

像是咖啡馆一样的面馆

1 | 2　　1. 便宜好吃的地道炸酱面　　2. 健康营养的五谷豆浆

　　店主阿姨只是个普通的家庭妇女，绝不像是冲着大理古城的文艺氛围而来定居的新移民。她在浪漫气息弥漫的古城里开着这样一家清新调性的小店似乎是一件很奇妙的事，然而这份奇妙却是一份最令人感动的自然而然。她定居大理，只是因为想要陪伴女儿。

优雅不过小面馆

　　见山小厨的面积很小，小清新调性的布艺椅子，三四张木桌，桌上的陶瓷花瓶里插着几根枯竹，角落的书柜上随意堆着木雕与石头。

　　这里卖的是最家常的面食，却有着淡雅的文艺气质，返璞归真的素朴生活气息在这里蔓延开来，让来的客人感到安静而放松。

　　或许见山小厨贩卖的从来不是一碗家常面，而是一种生活的美学，一种极简的禅意。而这一切的意境，又并非刻意而为，仅仅是一份平凡的母爱打造而成。

⑨ 餐厅资讯

地　　址：大理市古城人民路上段6号

电　　话：18687227213

人均消费：15元

特色推荐：北京炸酱面、五色豆浆、猫耳朵

东门村

来或是不来，我自怡然自得

东门村是对古城内叶榆路、洱海门一带的总称，这里避开了游人集中的商业街区，却又离热闹的人民路不远，名副其实的"出则繁华，入则宁静"。每天日落后，洱海门附近会成为文艺青年的聚集地，不时会有流浪歌手举办露天演唱会，行人都坐在旁边的石阶上欣赏。

东门村弥漫着对旧时美好时光的眷恋情怀，许多宁静的小巷交错其中，而在这些小巷中，又藏着不为人知的文艺氛围，无声地记录下对逝去光阴的缅怀，不言、不语。

叶榆路上不起眼的树番茄客栈里藏着一片明媚的青春岁月，而月溪村中的八月客栈却又让人仿佛穿越回到隽永的古典时空，还有几家清新自然的咖啡馆安身在这片宁静的区域里，静悄悄地等待有缘的客人——来或是不来，我自怡然自得。这才是属于东门村的生活态度。

八月客栈
——庭院深深深几许

"不是每个人都有勇气把自己活成传奇，但至少试一试总可以吧。"这是老板八月的人生哲学。八月是1987年生人，却仿佛已经活了百年，年轻的外表下是一副让人难以想象的出世与淡然。

八月还年轻，却已经把自己的人生打造成了一段传奇，西藏支教、孤身西部骑行……这些都已经是过去，未来还会有怎样的故事无法预知，可以确定的是，如今开在大理的八月客栈，至少是八月目前最想做的事。

◆ 客栈特色

◆ 古典复古设计与现代化配套的结合
◆ 传统中式雕花大床十分精致
◆ 可以喝茶、晒太阳的观景平台
◆ 20世纪30年代的老式留声机和正版周璇唱片

柳暗花明又一楼

许多客人抱怨过八月客栈的位置，这确实是它的一个缺憾。八月客栈在洱海门外面，需要走过一段灰尘扑面的老路。公路一边是荒草弃石，另一边是一家挨着一家的修车铺。这条路上有几条小巷子，八月客栈就藏在其中一条巷子里，我来回走了两遍才发现它的招牌。

走到巷子的尽头才能看到客栈大门，客栈看起来像个普通的白族民宅，屋檐下挂着两盏灯笼，招牌也不起眼。可是推门走进去后，每个人都会情不自禁地想起"柳暗花明又一村"的诗句，真是难以相信一片修车铺的深处藏了这样一处清幽之地。

庭院深深深几许，杨柳堆烟，帘幕无重数。

石砖墙、木头柱子、雕花门窗，青瓦搭建的屋顶上长满了野草，一片翠绿。房门

二楼上的私密平台

古朴的石头茶桌

岁月留香的旧海报

外的石阶下砸出一片清渠，数不清的锦鲤游来游去。石阶旁边蹲着两只小猫，一只叫腹黑，一只叫小宝，它们一点也不怕人，喜欢蹲在鱼池旁伺机而动。

院子里有一排平房，另一边是一栋传统木质小楼，两层高，楼顶上还有一层平台。小楼不高，眺望远处的视线并不开阔，可是庭院内的风景却尽在眼底了。

夜深人静时站在阳台上，推窗见月明，院子里万籁寂静，花影重重，一片"天上有新月如钩，地上有烟锁重楼"的境界。

门掩黄昏留春住

去的那日八月不在，据说是自驾远游去了，看店的是八月的表妹阿空。他们都是福建人，阿空在云南读大学，毕业后留在丽江旅行社工作。八月出门时，阿空就会过来帮他看店。

与少年老成、飘逸出尘的八月不同，阿空是个活在红尘俗世中的女孩，她的幸福很简单，只关乎孩子和家庭。阿空很直率，说话很有意思，她指着满屋子的收藏物和书籍道："这一看就不是我的风格，八月成天就捧着些哲学书看，说的话我也不能理解。"

公共空间里摆放着许多上了年头的旧物，80多年前的留声机、周璇的正版唱片、20世纪的收音机、古琴、飞人牌缝纫机……"你看看这些东西就可以猜出八月是个什么样的人，"阿空笑道，"这家客栈是他花了四个月的时间自己设计装修的。"

音响里循环播放着20世纪七八十年代的旋律，我也笑了："不必看设计，光听你们家的音乐就知道八月的爱好。"

客栈的整座院子里都弥漫着复古与怀旧的气息，像是一栋保存完好的清末民初文人私邸，主人的雅致情趣一览无遗。

"八月的爱好像个老头子。"阿空这样评价。八月自然不是老头子，他还很年轻，他只是比现代的年轻人更热爱中国传统文化的精神世界罢了。

"来八月住宿的多是一些年龄大些的人，"阿空感叹道，"可是八月却和他们很聊得来，经常饮酒到深夜。"

与志同道合者秉烛夜谈，本就是人生一大趣事，何况在这清净自然的庭院里，更是值得纪念的良辰美景。

乱红飞过秋千去

八月客栈的许多细节都流露出怀古的幽思，怀古绝不是现代才有的情怀，在几千年历史的每一个时代，总有怀古的文人，追忆过去岁月的种种痕迹。

若要读懂八月通过这样的复古设计以表达对逝去时光的瞻仰或凭吊，需要具备知人

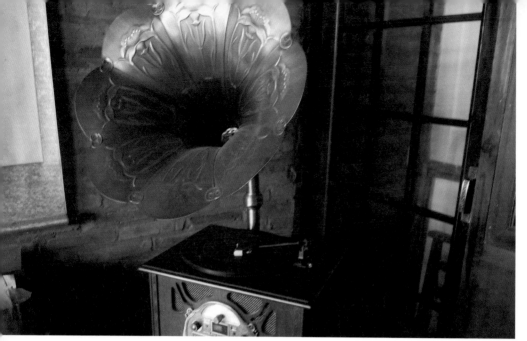

八月珍藏的留声机

论世的品鉴能力。喜欢住进八月客栈的客人，多数有着不一般的文化底蕴。

然而八月的怀古绝不是腐朽和保守的，正如他的年岁一般，年轻而充满创造力。八月在众多中式传统家具中加入现代化的洗浴设备，在对情怀的追思中保证了住宿者的舒适度。八月客栈的房间面积宽敞，各种设施完善，热水充足，只是为环保着想不提供一次性牙刷，需要客人自带。

八月说他最爱的一句诗是"留得残荷听雨声"，他坚信雨中的八月客栈是意境最美的，有琴棋书画、文房四宝、水榭书吧，水渠中碗莲盛开，莲叶田田中鱼儿嬉戏。八月笑说："我虽非鱼而知鱼之乐，但因鱼而乐是真实的。"

若是逢上大理的雨季，不妨在八月客栈里待上几日，不必出门，享受另一种出世的愉悦。青瓦上的雨滴顺着屋檐挂成水帘，泡杯金丝滇红，寻个僻静的角落，往躺椅上一靠，听院子里雨打芭蕉，翻几本八月的藏书，一切俗世烦恼便就此放下，犹如佛家说的知幻即离，即是禅那。

📍 客栈资讯

地　　址：大理市古城洪武路月溪村27号院

电　　话：15160007477

预订方式：网络/电话

房间价格：300~500元

树番茄客栈
——90后的爱情果子

在德宏大山深处生长着一种酸茄，不像普通的番茄需要支架支撑才能往上生长蔓延，它有个美丽的别称叫作树番茄。

大理古城内有家客栈就叫树番茄，老板大义和老板娘大雪是一对90后夫妻，他们的故乡在北京。大义和大雪最喜欢琢磨的主题是对于生活方式的选择，当初他们俩共同决定离开北京去远方寻找一个拥有蓝天白云的地方，相恋相依。大理或许只是他们暂时停泊的一站，但依旧结出了树番茄客栈这个甜蜜的爱情果。

◆ **客栈特色**

- ◆ 青春文艺的共享空间
- ◆ 房间设施配置高，卫生间宽敞
- ◆ Loft和复古两种特点鲜明的房间设计
- ◆ 有只名叫番茄的牧羊犬

Zakka杂货物语

大义是个很有想法的年轻人，关于树番茄客栈的一切设计理念都由他的头脑生产。他喜欢年轻化的软装，但又极其迷恋老房子的复古情调，他说这是最初选择租这栋房子的主要原因。

年轻人的精力总是很好，大义一闲下来就成天琢磨着怎样把门廊的风格换一换，墙壁上的装饰增添一些，坏了的天花板重新设计。万变不离其宗的是，大义说："我们自己还很年轻，就想按照同龄人的喜好来设计客栈，简约、时尚、混搭。"

树番茄的公共区域有着典型的Zakka气质。Zakka算是21世纪消费潮流的组成部分，但它更深度地触及了现代年轻人关于自我表达和精神信仰的问题，"从普通和世俗中看到智慧的艺术"。大义和许多出生在这个时代的大都市年轻人一样，对于Zakka的设计风格有着无师自通的领悟力和热爱。他在一楼堆放了不同的汽车模型、一台破旧的老式打字机、一座生锈的埃菲尔铁塔、一个很大的北欧童话风彩色铁皮盒……看上去无

玄关处的摆设是老板的最爱

用的废弃生活用品，对其进行极具创意的再设计，使生活变得奇趣可爱。

　　Zakka风潮的拥簇从来都坚信，伟大的东西不必多么特别，而是平凡中的不平凡。树番茄客栈的设计理念中一直都贯串着这样的内涵，它的大门很普通，看不出任何特色，可是推门走进来，会看到一个五彩斑斓的生活艺术空间。

友善的一家子

　　老板娘大雪是个相当直率爽朗的北京姑娘，对大部分人都充满了无条件的热情。在树番茄客栈做义工是一件很幸福的事，因为有一个心地善良的老板娘。

　　大雪对每一个来树番茄做义工的年轻人都特别体谅，我去的那日正巧来了一名新义工，她穿着热情的波西米亚服饰，更像一个流浪艺术家。大雪毫无芥蒂地接受了，甚至颇为欣赏。当大义和大雪计划着去三亚旅行时，决定把客栈直接托付给义工们。而义工们离开时，大雪会在微博上写，"一个完美的义工要离开了"，在她心中，每个支持过树番茄的人，都是可爱的。

　　树番茄客栈的环境在古城算是一流的，可是价格却很便宜，并且提供床位房间。

树番茄特有的夜色与烛光

"以前男生、女生宿舍都有,但现在只提供女生的床位住宿。"大雪告诉我。

"因为女生爱干净。"大义补充道,"但是我们不嫌弃男生,等以后有多的房间也会准备的。"

和大义、大雪一样和善的还有他家的番茄,一只巧克力色的边境牧羊犬。番茄喜欢客人,每来一个人它都会热情相迎,然后自来熟地趴在一旁等人和它玩耍。

由于夫妻俩都是很好相处的人,在树番茄里有一种特别轻松惬意的自在感。"我就是喜欢自在的人,"大义强调,"现在来古城的人多了,再过几年,我和大雪或许会流浪到更偏僻的地方去开客栈。"年轻时无须顾忌太多,但凭自己的心,去做值得做的事,大义和大雪一直踏在这条梦想的道路上。

鱼和熊掌必须兼得

树番茄的两位主人虽然很年轻,却是懂得享受生活的人。树番茄客栈的房间舒适度在古城可算是优质级别,并且有两种截然不同的风格可以选择。

"我自己本来是喜欢现代简约风格的,可是也特别喜欢这栋老房子复古的一面,拆

纪念最美好的青春岁月

透明的天窗光线十足

了肯定舍不得，于是就做出两种风格来。"大义很自豪地说，"你去看看复古房间的石头墙，一定会被它吸引。"

树番茄的Loft风格房间设计得很到位，高大而开敞的空间，上、下双层的复式结构，现代工业效果的楼梯。Loft风格强调的个性前卫在这里都得以呈现，二楼的床垫上方是阁楼式天花板，上面有透明的玻璃窗，可以躺在床上看星空。一楼则划分为公共空间、办公区域和卫生间，大跨度流动的空间分割弥漫着设计者的想象力。

而在另一面的复古风房间则更让人惊艳，白色石灰砖墙的主色调，在床的背后却是一整面由深棕色与浅棕色大石块堆砌的石墙，散发着原始的、复古的、沉寂的艺术气息。在这样的背景色调中，树番茄的主人继续挥洒着Zakka风格，一张绿色扎染的沙发巾、一幅橙色的油画、红酒瓶里的干花……使用大量色彩丰富的软装饰品点亮整个房间的生命力，让人踏入房间的第一眼便被征服，每个角落都足够赏心悦目。

许多客人都称赞树番茄的硬件配置高，洗漱用品也都选择了优质品牌。其实还远远不止如此，在同等价位的客栈里面，树番茄的房间面积算是十分宽敞的，卫生间面积也很大，私密性强，各种细节都做得相当到位。这一切可能都要归功于两位年轻的主人对于生活的高品质要求，他们拥有互联网时代最典型的思维模式——分享，与客人分享他们的生活体验。

大义和大雪是一对幸福的90后夫妻，因为他们可以跟随自己的心，离开喧嚣的大城市，选择一种宁静的生活方式。他们还年轻，对于未来还有很多的梦想，而树番茄客栈将成为他们的爱情在这般年华里永远的纪念，不管将来还要走多远。

📍 客栈资讯 ────────────────

地　　址：大理市古城人民路与叶榆路十字路口南30米
电　　话：18187204868
预订方式：网络/电话
房间价格：50～400元

夏至别院客栈

——凡·高的星夜

夏至别院曾被评选为古城15家高性价比客栈之一，特价房通常不到100元。客栈还提供床位给背包客，不同于青旅的上下床，而是三人间的榻榻米床位。

地中海风格的设计使得夏至别院成为玉洱路上的焦点，每一个不经意间路过的人都被它的外观所吸引。夏至别院的别致难以从惊鸿一瞥间体会，唯有推开那扇蓝色大门，才能知道深藏其中的故事。

◆ 客栈特色

- ◆ 地中海特色的装修风格
- ◆ 性价比高
- ◆ 漂亮的朝鲜族老板娘会做地道的韩餐
- ◆ 提供自助厨房

朝鲜族女孩就是漂亮

一开始我以为老板娘雪儿是个漂亮的韩国女孩，因为她很像是从韩剧里走出来的女主角。我去那里的时候，雪儿正在看韩剧，无字幕，后来才知道她来自吉林，是个朝鲜族女孩，曾随同母亲在韩国住过一段日子。

会说朝鲜语的雪儿为韩国游客提供了旅途上的方便，大部分到古城旅行的韩国人都会选择夏至别院，于是每天都会在客栈里听到各种口音的朝鲜语。漂亮的女孩自然很受欢迎，经常有朋友给雪儿顺手带点儿韩国特色食物过来，雪儿也会招呼大家一起分享。

清新自然如夏至

夏至别院在玉洱路边非常抢眼，整个门窗都被刷成地中海蓝，在一排灰蒙蒙的青瓦房中间像一颗闪闪发光的蓝宝石。

夏至别院客栈
SUMMER INN　하지별원

今日有房
Summer'sInn

福　福

← →

夏至别院客栈

夏至别院蓝色的门窗引人注目

院子里的一角

浪漫与清新是这里的主旋律。客栈内院的墙壁是蒂凡尼蓝，而书柜、吧台、沙发都是深蓝与白色的交织，这样的色彩冲突让人仿佛走进了梦幻的童话世界。在地中海的主色调里不时点缀各种鲜艳的色彩，粉色的抱枕、民族风的毛毯、绿色的盆栽，仿佛有一道永恒的阳光洒满整个空间，是夏天初至的味道。

一幅画里的深意

夏至别院提供的三人床位间在阁楼上，它的设计风格与整座客栈的清新文艺迥然不同，从天花到墙壁是一整幅凡·高的《星夜》。作为凡·高的代表作之一，许多人或许只是被画家超凡的想象力所震撼，忽略了其中隐晦表达的歉意与爱。夏至别院客栈从产生的那一天开始，所有的主题恰恰是有关爱的。

夏至别院是雪儿和母亲为生病的姐姐开的客栈，希望姐姐能够在阳光明媚的大理过

可以免费使用的公共厨房

着轻松自在的生活。雪儿一直将对姐姐的爱藏在心底,她用这样一幅有深意的画,诠释了一家人真挚的情感。

📍 客栈资讯

地　　址：大理市古城玉洱路下段260号

电　　话：18308726039

预订方式：网络/电话

房间价格：35~200元

善书坊
——让生活止于至善

黄昏时分偶然路过，看见一间小小的书屋，蓝色扎染布搭成的帘子，招牌下方的墙柱上画着莲花，几根竹子种在门外的花坛中，在落日的余晖里寂静安然。

"大学之道，在明明德，在亲民，在止于至善。"善书坊的老板娘性格平和淡然，她说："开这家书吧的目的很简单，就是给附近的孩子提供一个看书的地方。"

◆ 书店特色

◆ 特意为孩子们准备了合适的读物
◆ 为到大理游学的孩子们举办艺术创作活动
◆ 书籍可以租赁
◆ 有老板娘自制的花茶出售

放下方可拥有

善书坊的老板娘是一位皈依的在家居士，之前在北京工作。和每一个离开北京的大都市白领一样，她对城市的喧嚣感到了疲惫与厌倦。与都市繁华相比，她更希望让自己的孩子在一个天蓝水绿的地方长大。

选择大理的原因很简单，除了万里无云的高原蓝天与风花雪月的苍山洱海，更重要的是，"与许多城市的教育水平比较起来，大理古城的幼儿教育一点儿也不逊色"。得天独厚的人文氛围孕育了古城优质的国际化幼儿教育，不仅孩子享受了一片碧海蓝天，还保障了她的成长素养。

女主人常在这里招待客人

舍得才能收获

善书坊为长居古城的外来移民提供了亲子活动的空间。"他们对孩子的教育更为重视，需要一个小型图书馆，正好我也希望给孩子一个阅读的平台。"善书坊的内室有漂亮的布艺沙发，阳光透过落地窗照进来，几个孩子在里面认真看书。

这里也常有出家人来坐坐，与老板娘一起在窗口的茶几旁喝喝茶，聊聊天。不谈佛，佛在心中；一杯清茶，收获悠然自得。

生活止于至善

阅读是打发旅途寂寞最好的选择。"旅途中肯定想尽量减轻行李的重量，"老板娘

阳光洒满阅读室

温和一笑，"所以我想不必让游人们把书买下来，大可租回客栈去看，来时空空，走时空空，无所牵挂。"老板娘说话颇有深意。

　　善书坊提供的租书服务为许多在古城小住几天的旅人带来了惊喜，在午后或是傍晚，到善书坊租一本喜欢的书，挑选自己最爱的咖啡馆，无拘无束地开始一段快乐的阅读时光。生活至此，莫不已是至善。

📍 书店资讯

地　　址：大理市古城叶榆路（树番茄客栈斜对面）

书呆子书店
——十年大理精神

书呆子是一家十年以上的大理老店了，熟悉大理的人都称它是『大理精神』。

再美好的事物或许都会在岁月里改变模样，时光荏苒，书呆子离开了自己熟悉的人民路，搬迁到了较为偏僻的东玉街上。可是它的情调依旧，气质依旧，以一种波澜不惊的从容延续着关于大理的文艺精神，永不磨灭。

◆ 书店特色

◆ 出售各种正版外文书籍
◆ 原创音乐人作品汇集地

不能一日不读书

被世人称作文艺古城的大理，若是少了带有信仰的书店，便仿佛失去了最隽永的灵魂。书呆子早在2003年便在古城里开店了，那时它便是古城最有名的一家独立书店。

"我们读书，卖书，为自己，为您。因为喜欢生活在被书籍拥满怀的生活状态里，让丰实的内在从深处酝酿和成长，让书籍成为生活里的空气和水。"这是书呆子自开店那日起十几年来所坚持的信仰，不管光阴带走了多少人与事，它依旧默默在古城里传播着实体书店的灵魂价值。

小书店成老字号

十多年前，书呆子以一种卓然不群的姿态将七种语言的外文书带入了古城，同时，它更是一家走在先锋思想前沿的独立书店。在互联网模式的冲击下，传统书店尤其是独立书店生存的空间越来越小，曾有一家独立书店闭店前这样说道："到了告别的时候！虽然很早就知道这一天迟早会到来，但真正到了这个时刻却是万般不舍，万有引力的灯

老板娘时常不在，客人可以坐在门口等待

店主收集多年的藏书堆满了整个书店

光灭了，你可能要转去别的地方。"

随着人民路上商铺的租金逐渐升高，书呆子也不得不搬离，值得庆幸的是，它在东玉街上觅得一处新家，带着梦想坚持在那里。时间从不辜负坚守的人，谁也无法预料，或许未来的某一天，小书店变成了老字号。

除了书还有音乐

老板娘燕姐已经在大理生活了17年，用爱书如命来形容她再贴切不过。对她来说，在古城明媚的阳光下喝茶看书是生命里最美妙的时光。

书呆子里除了满满的书，还有音乐，店里有各种原创民谣歌手或是乐队的原盘CD，其中最特别的是法国音乐家Laurant夫妇多年实地采风、现场录音制作的原生态民谣。

新店所在的东玉街是一条寂静的小路，慵懒的午后独自步行到书呆子，在空灵的旋律中体会"读书凡几秋"的岁月之美。

📍 书店资讯 ───────────

地　　址：大理市古城东玉街32号

大象咖啡馆
——梦游仙境的爱丽丝

有时候恍惚间会觉得似乎每一家咖啡馆都是相似的模样，门窗、桌椅、砂糖、餐巾纸、咖啡罐、书籍、留言板、音乐，还有客人们的谈笑声。

但其中总有一些与众不同的存在，大象咖啡馆便是如此。并不起眼的门面，进去后豁然开朗的世界，每个客人都如同掉进兔子洞的爱丽丝，开启了一场奇幻之旅。

◆ **饮品店特色**

- ◆ 带有梦幻色彩的设计风格
- ◆ 古城口碑上佳的甜品
- ◆ 温馨私密的内室房间
- ◆ 使用Illy咖啡豆

哈利·波特情结

全世界最著名的一家大象咖啡馆位于英国的乔治四世大街上，因为J.K.罗琳在那里完成了自己的第一部《哈利·波特》。喜欢《哈利·波特》的人总是向往着奇迹，老板娘丫丫将自己古城的这家咖啡馆也取名为"大象"，或许正是期待着它也能成为一个创造奇迹的地方。

不必用过多的语言去赞美大象咖啡馆的文艺美感，它的设计整体上贯串着温馨、清新、童话的浪漫色彩，却又有着移步换景的变幻多端，暖色调与自然风格的交织，沉淀出岁月打磨过的沉静感。

格子里的文艺情调

欧式的室内设计

别致的红木箱茶几

关于爱的异国情调

丫丫的爱人来自法国，喜爱做甜点，大象咖啡馆的甜点在古城颇有名气，其中法式焦糖烤布蕾和重芝士蛋糕是招牌。若是店里客人坐满时，长住古城的熟客便会打包，连布丁带碗一起带走，第二天来归还。

丫丫喜欢悠闲自在的生活，她不大会去招呼客人，显得有些沉默，可是服务通常很贴心。从大象咖啡馆里的许多设计与陈设的细节都能看出两种文化的交织，欧式拱形的壁炉墙和中国古典的红色木箱相映成趣。

橘子清香的奶茶

许多客人喜欢丫丫做的咖啡，我却更喜欢伯爵奶茶。伯爵奶茶是以中国或者印度的红茶为基茶的一种加味茶，是维多利亚女王时期一位叫格雷的英国伯爵发明的。它的特点是在红茶的基础上加入佛手柑的香气，隐隐约约中带着一丝类似橘子的清香。

古城里制作正宗伯爵奶茶的咖啡馆不多，我点单时并没有抱太高期望。当丫丫端出一杯清香怡人的伯爵奶茶时，真是让人惊喜。伯爵奶茶散发出的独特香气带着欧洲古典文化的气息，与大象咖啡馆的童话色彩在那一刹那完美地融合在了一起。

📍 饮品店资讯

地　　址： 大理市古城叶榆路南55号

电　　话： 0872-2475101

人均消费： 35元

特色推荐： 伯爵奶茶、法式焦糖烤布蕾、重芝士蛋糕

纳尼咖啡馆
——贩卖似水流年

日本著名前卫艺术家沼田元气先生曾说过：「咖啡馆贩卖的不是咖啡，而是时间。」许多人不明白，为一杯咖啡支付的费用并不只是咖啡本身的价格，更重要的是咖啡馆提供了足够的氛围，让客人追忆属于自己的似水流年。

纳尼咖啡馆开在并不繁华的叶榆路上，厅堂也不算宽敞，但它营造出的环境足以让每位客人体会到这里贩卖的是让人深感愉悦的时间。

◆ **饮品店特色**

- ◆ 远离闹市的幽静感
- ◆ 也是一家杂货铺
- ◆ 手工制作的甜点很专业
- ◆ 有只小狗叫纳尼

落花的窗台

纳尼咖啡馆里最吸引人的位置是正对窗台的两张椅子，复古的老式窗棂，木板搭成的墙桌上摆放着一排小小的盆栽。坐在单人木椅上，面对窗外僻静的叶榆路发呆。每年三月左右是大理樱花盛开的季节，春风拂过时，看临街的樱树落英缤纷，偶尔有两三片花瓣掉落在木桌上，带着粉色的清香。

许多年后，客人们或许还会记得，关于古城里那段琴弦上的岁月，在那个如梦一般的季节，"那个落花的窗台，楼下唱歌的少年，人已走远"。

孤独的时光

福本伸行的《赌博默示录》中有一句话："在世上行走的每一个人，是60亿个孤独。"他认为世界上每一个人都是孤独的，不管身边围绕着多少人。

叶榆路上寂静的咖啡馆

书柜上也售卖杂货

1 | 2　　1. 它才是真正的主人，纳尼　　2. 招牌海盐拿铁上撒着玫瑰花瓣

孤独并不同于寂寞，它是属于自我的时间与空间，一种与自己对话的重要途径。有些咖啡馆适合与朋友分享快乐时光，而有些咖啡馆则适合留给自己品味孤独的意义，纳尼咖啡馆属于后者。

由于地理位置的原因，纳尼咖啡馆通常都很安静，那只叫纳尼的小狗大部分时候都缩在沙发里打瞌睡，音乐声空灵而悠扬。纳尼咖啡馆是一个可以保存自我孤独感的地方，想要整理心情的时候，来这里再合适不过。

咸味的咖啡

纳尼咖啡馆的招牌是玫瑰海盐拿铁，丰富的奶泡上撒着玫瑰花瓣，在咖啡的微苦与回甘里混杂着海盐的咸味，仿佛是一种逝去的光阴的味道，蕴含着难以割舍的情感。

咖啡馆最不可思议的功能在于储存时光。多年后若是再嗅到这带着海风气息的咖啡味道，一定会想起在纳尼咖啡馆里的场景和那时陪伴着自己的朋友，这一切仿佛都可成为追忆似水流年的凭证。

📍 饮品店资讯

地　　址： 大理市古城叶榆路北55号
电　　话： 18607595361
人均消费： 35元
特色推荐： 玫瑰海盐拿铁、纽约重芝士蛋糕、玫瑰松饼

环海西路
有这样一种生活

环海西路指的是从下关到江尾大约50公里的环洱海旅游景观公路，东临洱海，西望苍山。有网友评价，这或许是中国最美的环湖公路。

环海西路最大的特色是天然、宁静，与如梦似幻的洱海零距离接触，在风光如画的高原湿地里静享无穷无尽的金黄秋叶，感受与天地相往来的清净自在。

有这样一种生活：夜晚在己巳巳客栈的天台上看繁星满天，清晨在一期一会的大床上等待洱海日出，午后时则闲逛到611咖啡花园喝一杯耶加雪啡，这便是属于环海西路幸福的一天。若是阳光明媚的日子，不妨骑着单车到田野深处的翠田西餐厅找主人聊天，或是在喜洲古镇上的阿波小厨里晒太阳。当然，最不能错过的是到之初艺术馆体会真正的匠人精神，在无声的熏陶中升华心灵的境界。

己巳巳古迹花园客栈

——喜洲守望者

相对于古城或是双廊的繁华，喜洲仿佛是一片远离了凡尘的世界。这座古镇已有一千多年的历史，漫长岁月积淀的文明通过建筑物的形式保存了下来，民居之美，难以言喻。

热爱喜洲的人担心，随着时代的变迁，这些古朴典雅的喜洲民居会渐渐被人为地破坏，而可能会逐步消逝在历史长河中。

然而，无论岁月如何变迁，己巳巳古迹花园客栈一如既往，默默地守望着这一片土地，矢志不渝。

◆ 客栈特色

- ◆ 保留着老宅院的古朴
- ◆ 艺术气息浓厚的庭院与房间设计
- ◆ 有私人画室与美术馆
- ◆ 有配套的开放式咖啡屋和生态厨房

六合同春之趣

六合同春，又叫鹿鹤同春，是古时汉族寓意纹样之一，象征天下皆春，万物欣欣向荣。己巳巳古迹花园客栈便是由一座"六合同春"结构的老宅院改造而成。

老板田飞，成都人，大家都称呼他为田老师。田老师不是老师，是资深设计师，毕业于四川美术学院，开过设计工作室，曾长年从事视觉传达相关的艺术设计工作。

田老师作为己巳巳古迹花园客栈的主设计师，对这座古老的宅院怀有极其深厚的尊重与敬意，在为这座老宅带来便利的现代化生活元素的同时，也尽可能地保留了宅院原汁原味的古朴感。

客栈藏在喜洲喜林苑旁边的一条小巷尽头，灰色砖墙，木头的小门上挂着一条竖着的棉麻布条，上书"己巳巳"三个大字。

咖啡馆门口的小兽

　　进门就能看到一座老木头搭建的亭子，亭顶挂着藤编灯具与帘子，中间垂下几缕晒干的莲蓬，古色古香，在细节处营造出岁月沉淀的痕迹。

　　亭子旁边便是私家花园咖啡屋，石头砌成的吧台上铺着淘来的木板，几张高椅随意地摆放在一边。日落之后，客人都喜欢来这里坐坐，在田老师营造出的温馨氛围中，素不相识的人兴致勃勃地聊着旅途中的趣事。

　　宅院的中央是个不大不小的院子，在一片怀旧的古韵景色中矗立着一个玻璃天花的休息空间，木头桌椅搭配布艺沙发。阳光明媚的午后，可以在这里打个盹儿。

　　宅院的三层是一个小小的观景平台，白日里，在古旧的躺椅上喝喝茶，看天上云卷云舒，庭前花开花落。夜晚时分则可仰望整片辽阔的星空，听取蛙声一片。

心怀远古之士

　　田老师曾经做过一项具有深远意义的工作——出版过一套图书，叫作《寻城记》，记录下成都、重庆、广州、武汉、南京和杭州六座城市中那些古老的有着重要历史意义的建筑物。

古典气息浓郁的公共空间

古色古香的室内设计

这些建筑物都面临着各种可能被破坏或拆迁的命运。田老师说："或许我没有能力保护它们，但是我要用相机镜头与文字记录下它们曾经无与伦比的艺术美，让后人知道，它们曾经存在。"在客栈的书柜里，客人们可以借阅到这一套图书。

选择在喜洲定居下来，田老师正是坚持着同样的梦想，他热爱着喜洲古老的建筑物，虽然只是他乡来的异客，他却立志用余生去保护这片土地上的艺术之美。

为了能够得到当地人的支持，田老师与喜洲本地的老建筑师傅们打成一片，他说："在我改造己已巳的过程中，虽然我制定了主要的设计理念，但在施工的过程中，我却虔诚地扮演着本地手艺师傅们的助手，态度恭敬，认真听取他们的经验与意见，尊重他们的传统文化。这样，我用真心获得了他们的信任。"

只有得到当地人真挚的信任，田老师才能在未来几十年的岁月中，更大限度地去保护喜洲的众多老宅院。

"这是一件需要时间去积累的事业，不仅仅是一代人的责任，这份传承，要延续下去。"说这番话时，田老师的面色有些沉重，"我们需要更多的志愿者加入到保护喜洲的大家庭里来。"

事业有成、生活无忧的田老师，决意将一个艺术家的赤子之心，永远与喜洲这片土地联系在一起，作为终生的坚持。

文艺复古之所

提到文艺复古的风格，人们第一印象更多会想起欧洲中世纪的自然美学，也或许会想起日式森林系的清新世界，而在己已巳里，人们能够感受到来自中国本土的浓厚的文艺复古气息。

且不说宅院里的私人画室与美术馆展示着主人深厚的艺术底蕴，每一个房间的设计都如艺术品般精致。全木质结构的墙壁与天花板，挂着白色蚊帐的软床，在星空房里可以躺在床上看天空。一楼的院景房里有一个小阳台，面积不大，木质地板，透明的玻璃天花板，藤编吊灯，地上种满各种花草。

如此复古的场景中，己已巳却又不会让你感觉居住的不便。洁净明亮的卫生间，现代化的洗浴设施，水温很热，淋浴喷头水量很足，很细密。

房间里配备了电视机，但是在这样的环境里，哪有人舍得浪费光阴在它身上，这院子里的一花、一草、一桌、一椅，还有那撒娇的猫儿，都是让人不忍错过的光景。

老宅院里蚊子较多，房间里配置了防蚊水，保证客人的一夜好眠。

若是不贪睡，早起的客人能享受到己已巳提供的自助早餐。早餐不复杂，鸡蛋、牛奶、白粥、玉米、喜洲粑粑……但每天的牛奶都是当天新鲜挤来的，鸡蛋是鸡窝里取出的，一切简朴却自然，是城市里难以享受到的生态早餐。

到处都是自然清新的艺术品

　　客栈的不远处，是取名"陌上"的生态厨房。白族特色菜、江湖菜，随君所好。肚子不饿也可以喝茶，还可以打坐，厨房里老胡特酿的"青梅醉"，远近闻名。

　　在喜洲，己已巳古迹花园客栈本身，便是一处不可错失的风景。

📍 客栈资讯

地　　址：大理市喜洲古镇城北村12号（喜林苑旁）

电　　话：0872-2451558

预订方式：网络/电话

房间价格：200~500元

青木堂客栈
——与洱海的浪漫邂逅

金庸武侠小说《鹿鼎记》的主人公叫韦小宝，他身兼好几个『职务』，其中的一个就是青木堂的香主。

大理才村码头也有一位姓韦的人，他也有一座属于自己的青木堂。

青木堂客栈古木沉香，翠竹满园，小径通幽，俨然便是一幅栩栩如生的古典工笔画。

◆ 客栈特色

◆ 大量木家具都是从乡村里淘来的
◆ 品质很高的床垫及床上用品
◆ 老板娘亲手做的核桃巧克力布朗尼蛋糕味道满分

三宗"最"之最英俊的韦香主

这位姓韦的年轻人原本在古城里开茶店，自从认识了美丽的老板娘，便在洱海旁的才村码头边建造了如今的青木堂。

他爱好古物，颇爱收集各式老物件，喜欢自己动手做木工。青木堂里的镜框、墙上挂饰、行李架等都是由韦香主在洱海周边的村子、市集收购的雕花木门、木窗棂、木门梁、木椅子改装而成的。而这些古老的木家具，在韦香主的巧手下，又被赋予了现代新中式风情的格调，造就了青木堂一派宁静致远的古典气质。

三宗"最"之最浪漫的老板娘

漂亮的老板娘叫Helen，香港女孩，曾经为旅游类杂志社供稿。机缘巧合之下，Helen在古城邂逅了年轻英俊的韦香主，青木堂客栈便是两人爱的结晶。

青木堂只有五个房间，院子也小，但植物特别茂盛、美好，这边几根绿竹半含箨，

有观景阳台的房间

1│2 　　1. 在花园里悠闲品茶　　2. 房间里简洁、雅致的榻榻米

那边美人蕉笑秋风，一树紫薇仿佛粉色的云朵，门口的树梢上还垂着野生的葫芦。

青木堂有自己的茶室，随意摆放着木头桌椅，台子上堆放着各式老瓷器和干松果。Helen并没有刻意把茶室打理得很整齐，而是如同自己家里一般随意。Helen在茶室里提供她自己亲手做的各式糕点，常常请客人免费品尝，味道极佳，值得推荐。

三宗"最"之最温暖的一张床

推荐入住青木堂带有观景平台与榻榻米茶座的大房间，房间内的设计与整个青木堂调性一致，古朴优雅中有一丝隽永的清香，老木头、古瓷器、蒲团与矮茶几，一杯清茶几分闲暇。

房间里有电视，卫生间水温够热，水量也足够大。特别值得肯定的是青木堂提供的床垫与床上用品，质量上乘，触感极佳，为疲惫的旅人提供了最舒服的睡眠。细节处的用心，让人感受到来自主人的温暖。

📍 客栈资讯

地　　址：大理市古城才村码头附近

电　　话：15388779155

预订方式：网络/电话

房间价格：200～600元

一期一会
海景花园客栈
——生一际遇

一期一会来源于日本茶道用语，形容『一期一会、难得一面、世事当珍惜』之感，其中升华出关于人生离合、世事无常、白驹过隙的意境。

一期一会海景花园客栈的男女主人都有着随缘洒脱的心境，不强求世间缘分，只珍惜每位客人或许一辈子与他们只有一次的际遇。

◆ **客栈特色**

◆ 地中海风格鲜明，仿佛童话里的城堡
◆ 就在洱海边，可以泡在浴缸里看水上月色

来得再晚，我们也会等你

杨光和小蔷是一期一会的主人，北京人，厌恶了灰蒙蒙的雾霾，想要换个地方盖一所梦想中的房子。

一期一会在喜洲附近的仁里邑村，靠着洱海边，远离喧嚣，宁静安详。客栈蓝白色的灯塔与风车，绿色的木牌，白色栅栏与楼梯，面朝洱海春暖花开的白桌椅，都是他们亲手所置。

有客人飞机晚点，杨光和小蔷从傍晚时分开始等候，喝着啤酒，悠然地聊着天，不急不躁。客人到达的时候已是凌晨，在浓郁的夜色下，两人微笑迎接。

不必客套，客人就是主人

杨光和小蔷不是生意人，是生活家，像是把自己的家从北京搬到了洱海边，然后在此过着自己的日子。

他们更欢迎客人选择自助的方式，把这里当作自己的家一般随意。如果客人不介

从房间望出去水天一色

意，主人常常玩消失，找个角落，忙着自己喜欢的事。

　　杨光和小蔷的性格，有着典型的皇城根儿下的悠然。他们开朗、大气，自然而然地与客人相处，模糊了彼此主客的身份，与每个客人仿若都是老友。

每扇窗外，都是碧海蓝天

　　一期一会的公共空间在白色的主基调下，处处点缀红色、绿色、黄色、粉色……房

间内亦是如此，墙面都是白色搭配各种清新的粉色，配有空调和电视。十分宽敞的卫生间，可以泡在浴缸里看洱海，清晨时能看到渔家划着一叶扁舟而过，薄雾中满是水墨画的意境。

　　一期一会四个字提醒着人们珍惜每个瞬间的机缘，为人生中可能仅有的一次相会付出全部的心力，不留遗憾。杨光和小蓄带着这样的情怀，默默地经营着他们的客栈——一期一会，再见，或是不见。

$\dfrac{1}{2}$ 1. 向左走，向右走   2. 白色世界里的那一点彩色

📍 客栈资讯

地　　址：大理市喜洲镇仁里邑村南口环海西路（洱海界碑1148旁）

电　　话：18987201009

预订方式：网络/电话

房间价格：200~600元

611咖啡花园
——关于生活的态度

一位奥地利诗人曾经说过："一个好的咖啡馆应该是明亮的，但不是华丽的；空间里应该有一定的气息，但又不仅仅是苦涩的烟味；主人应该是知己，但又不是过分的殷勤；每天来的客人应该互相认识，但又不必时时都说话。咖啡是有价格的，但坐在这里的时间无须付钱。"

这段对梦想中咖啡馆诗意的描述，正是女主人罗拉带给每位偶然走进611咖啡花园的旅人最细腻的感受。

◆ **饮品店特色**

- ◆ 拥有才村码头种类最丰富的单品咖啡
- ◆ 欧式田园风格的文艺气息
- ◆ 女主人罗拉是十分专业的咖啡师
- ◆ 咖啡馆后面是主题客栈

就想开间小小咖啡馆

对于罗拉来说，2012年是她人生的一个转折点。

那一年，有一本畅销书很火，在豆瓣上的评论两极划分很严重。喜欢的人认为这是一种生活态度，一种对于梦想的追求；不喜欢的人认为里面的东西太不切实际，虚无缥缈。

这本书就是王森的《就想开间小小咖啡馆》，罗拉读完这本书后，义无反顾地产生了想要开一间咖啡馆的念头，而在此之前，她只是一名平凡的家庭主妇，丈夫是深圳的银行高管。

虽然在深圳的生活富足而安稳，可是罗拉的内心依旧有着逃离城市喧嚣的梦想，她渴望改变，渴望一种完全不同的生活。

咖啡馆在小桥的另一端

院子里空间开敞

在这里等待日落，是一种无与伦比的浪漫

在丈夫的支持下，罗拉去武汉参加了正规的咖啡师培训课程，成为一名咖啡师，离自己的梦想更近了一步。没多久，丈夫也辞了职，夫妻二人开始了随心所欲的旅行计划，直到偶然间来到了大理。

大理浓郁的文艺氛围深深吸引了罗拉，她终于下定决心：就是这里了，我要在大理开一间小小的咖啡馆。罗拉最早租的铺面在大理学院附近，门牌号是611，于是决定取名为"大理古城611咖啡"。第一次开咖啡馆的罗拉取得了成功，她的小小咖啡馆受到了大家的喜爱，梦想就这样并不意外地被她实现了。

2014年，罗拉决定将她的梦想搬迁到才村码头附近，因为她喜欢那里的一个院子，院子里有老梅树和梨树，还有一大片清香扑鼻的紫藤花，每年春暖时分，院子里花团锦簇，美不胜收。

罗拉把这里办成了一家客栈，而她最爱的咖啡馆就开在客栈的前方，更名为"611咖啡花园"。

洱海边的一片欧式田园

611咖啡花园与公路隔着一条水渠，罗拉在水渠上搭了一座小桥，所有的栅栏与拱门都涂成天蓝色，搭配着木头的招牌与一小段木制栏杆。

推开611咖啡花园的蓝框玻璃门，立即就会被室内的文艺气息惊艳，满屋子浓郁的

　　1. 舒适的角落　　2. 适合独自望着窗外发呆的位置　　3. 窗外的田野让人心旷神怡

咖啡香则让人心旷神怡。

靠着落地窗的一排木桌，适合独自而来的客人，凭着一杯咖啡，随意地打量路上人来人往，静静享受一段闲暇的午后时光。

木头书柜上都是一些文艺情调的书籍，木质桌椅搭配色彩清新的布艺沙发，氛围甜美得让人如沐春风，不经意间，让人误以为自己身处伦敦郊外的田园风光中，这是一家真正的咖啡馆该有的样子。

靠里面的位置有一张两人的座椅，落地窗外是绿油油的菜地和青草地，一些彩色的小野花散落其中，一派生机勃勃的自然气息扑面而来。

611咖啡花园欧式田园风格的设计十分鲜明，整体以清新文艺为主调性，再以一定的咖啡色凸显主题，配以蓝色的门面象征拥有碧海蓝天的大理。

大部分大理的咖啡馆都强调舒适自在，唯有611咖啡花园在舒适自在的同时，给客人以整洁干净、明亮清新的自然风格。

罗拉说："我不是为赚钱来咖啡馆的，我是为生活。所以，咖啡馆就是我家的客厅，必须要美，必须整洁。"

只是生活而已

"我提供的，不仅仅是一杯纯正的咖啡，还有一点点关于生活的态度，就是这样而已。"这是罗拉微博简介上的一句话。

如今市面上的咖啡馆大致分为三种：一种强调环境氛围，提供各式饮品；一种其实是西餐厅，提供咖啡等饮品；最后一种被称为精品咖啡馆，是以咖啡文化本身为主题，重视咖啡豆原材料及制作工艺的专业程度。

罗拉一直坚持做一家精品咖啡馆，以各类单品咖啡为主。从咖啡机的选择，到咖啡豆的烘焙，再到咖啡的制作过程，她都拿出了最专业的态度来对待。

"因为我爱咖啡。"罗拉的话简短却意味深长。

放弃了深圳的繁华生活，罗拉选择了她内心的方向，这样一家611咖啡花园，是她对人生态度的坚持。

"或许这是大理最好的一家咖啡馆。"曾有人这样评价，是否是最好没有定论，但最好之一，必然没有争论。

每个人都有梦想，有自己对于生活的态度，可是又有多少人，能够拥有罗拉那样的坚持，将梦想成功地变成生活。

我去那里的那天，罗拉正在手工制作火龙果甜品，我尝了她的蔓越莓饼干，香甜可口。

点了一杯危地马拉后，我坐在一旁看她在吧台里忙碌的身影，突然就被这个已并不年轻却安静平和的女子打动，为她那种无须语言传达的生活态度。

📍 饮品店资讯

地　　址：大理市古城才村2路公交车站附近

电　　话：18760945970

人均消费：40元

特色推荐：招牌拿铁、耶加雪啡咖啡

阿波小厨
——童年外婆家的午后时光

把阿波小厨归类到咖啡馆，其实有些勉强。

它是一家怎样的店呢？

它是童年时石板路尽头的汽水店，总有一个戴着眼镜的笑眯眯的老板，收着孩子们手中的硬币，把汽水瓶插上吸管从柜台里递出来。

它是学校附近的冰室，放学后总有一对初恋的男孩女孩有些腼腆地走进去，坐在靠着窗边有花盆的位置，点两杯菠萝冰。

它是童年时外婆家的小厨房，提供平凡却新鲜的家常菜，朴实得让人心里温暖……

◆ 饮品店特色

- ◆ 喜洲古镇上极为文艺的咖啡屋
- ◆ 回到童年岁月的设计风格
- ◆ 各种新鲜的白族家常菜
- ◆ 好喝的冰奶茶

落日下的那个去处

大多到大理的游人并不愿意在喜洲镇上居住太长时间，习惯城市夜生活的都市人早就忘记了夜晚本就属于宁静。黄昏时分，白天还有几分热闹的喜洲渐渐在落日的余晖中安静了下来，各户人家开始整理自己门前的桌椅，生意人准备离去，屋子里的灯亮起来，人们关门回家。

于是，喜洲的街道就这样悄无声息地安静下来，只剩下一条石板路延伸至远方，消失在即将降临的夜幕中。路上的灯很稀少，光线越来越暗，偶尔从几户人家的窗户中透出朦胧的灯光。

这个时候的喜洲，除了回客栈，似乎没有了游人的去处。

好在还有阿波小厨，仿佛夜色里寂静盛开的月见草，在昏暗的光线中散发出浓郁的香味，将附近觅食的寂寞过客都吸引过去，留一盏温暖灯光给漂泊的浪子们。

喜洲只适合喜静的人，在有些喧嚣的时光里，它遗世而独立，坚守着祖祖辈辈传下

阳光下的阿波小厨有一种亲切的明媚

来的生活态度。因此，喜洲很少有现代化的店铺开进来，而阿波小厨是这里一个最特别的存在，它有着外面世界喜欢的文艺腔调，却又牢牢守着喜洲的风骨，以一种独特的怀旧气质成为这里唯一让游人喜爱也让本地人接受的咖啡馆。

　　按常理来说，阿波小厨应该是一家私房菜馆，可是我却坚持它更是一家咖啡馆。原因在于，喜洲镇上吃饭的地方不少，可是真的可以在阳光灿烂的午后闲适地喝杯手磨咖啡的地方，唯有阿波小厨而已。

在某个午后回到童年

　　阿波小厨面积很小，看上去也并不像个咖啡馆的样子，好在门口挂着的蓝色布条上写着"啡吧"二字，确定了它的身份。

　　它藏在繁华的四方街附近的一条小路上，并不惹人注目，老木头的门窗下有一排木制花架，上面放着几盆花和一张红黑色的木椅。或许是格子木窗散发着怀旧的情怀，或许是作为招牌的蓝色棉布带几分江湖气息，这样简简单单的几件事物，却让阿波小厨的门面看起来气质十足。

　　阿波小厨的设计与华丽、舒适扯不上任何关系，一个陈旧的木头柜台，青砖堆砌的

欧美风格的海报

单人桌面与木头椅子，简陋的白色石灰墙，墙上贴着几张怀旧的海报和挂满了写着菜名的小木牌……即便是如此简陋的布置，阿波小厨依旧有着一种难以言喻的文艺腔调、小资风情，这一切使得它在喜洲这淳朴的古镇上与众不同起来。

木头窗台上蒙着一层薄薄的尘，在阳光的照耀下显得那几盆小小的植物越发鲜艳起来，喝着老板阿波做的手打冰奶茶，懒洋洋地打望着窗外空无一人的老街与阳光洒下的斑驳，时间仿佛停止了流动，然后缓缓向后滑动，回到童年时，在外婆家度过的悠闲的暑假时光。

阿波小厨的狭窄空间里充满了怀旧的气息，不是那种刻意装点出的回忆，而是自然而然的，关于光阴的痕迹。

时机对了，凡事都有可能

老板阿波与妻子是80后驴友，西双版纳人，之前在广州工作。

阿波的气质与这家店完全融合在一起，他有着丰富的城市经历，在广东开过茶餐厅、上海开过日料店、大理古城开过客栈，却又仿佛与喜洲土生土长的本地人一般，毫无隔阂地融入了这里宁静的生活中。

这里的私房菜并不坚持固定的菜单，每天阿波自己会出去买菜。这个时节什么是新

1	2
3	4

1. 阿波的拿手菜 　2. 玫瑰花煎蛋是当地的家常菜 　3. 桌子里的咖啡豆和螺壳
4. 现磨的云南小粒好喝便宜

鲜的，他就会买点回来，想想可以做成什么菜，因此有网友说他像是日本漫画《深夜食堂》里的老板。

"淡季里来喜洲旅行的人不多吧，生意会好吗？"有客人关心地问道。

阿波笑了，"人生最重要的是时机，时机对了，凡事都有可能。"这倒真是《深夜食堂》里老板的话，而事实上，阿波小厨的生意很好，是每个来喜洲旅行的游人极为喜爱的地方之一。

阿波的私房菜不能说味道多么惊艳，但能让人吃得温馨而满意，手打冰奶茶和现磨咖啡也不能说口感出众，但做得用心，在喜洲镇上也算是佼佼者。

在喜洲的日子，倘若某个午后阳光够明媚，一定要来阿波小厨坐坐，会在恍惚间，找回童年时那种惬意与安宁。

📍 饮品店资讯

地　　址：大理市喜洲古镇四方街翰林门北向100米
电　　话：18308729092
人均消费：30元
特色推荐：黄焖鸡、糖醋鱼、手打冰奶茶

白骆驼咖啡馆

——生命如此多情

白骆驼咖啡的产生来源于几个年轻人对大城市的一次集体出逃。他们把梦想奉献给了大理，在才村码头安下了属于自己的第一家店。

蓝白二色的外墙，挂满藤蔓的拱门，让白骆驼咖啡在明媚的阳光下成为才村码头附近一道亮丽的风景。

◆ **饮品店特色**

◆ 空间宽敞宁静，木头桌椅很文艺
◆ 门口有露天平台区域可以晒太阳
◆ 晚上有歌手演出
◆ 本身也是一家青旅，可以住宿

来一场华丽转身

燕子看上去像是喜欢文学诗歌的那类女孩，她却说："我大学读的是数学专业。"

燕子和几个朋友合开了白骆驼，在此之前，她们都在深圳的华为公司上班。突然之间，厌倦了大城市里疲惫乏味的生活方式，决心来一次出逃，做一次生命的华丽转身。

咖啡馆的室内设计带着浓浓的文艺情调，墙上怀旧的铁皮画、角落的吉他与手鼓、白色砖墙拱门上来自全国各地的留言……白骆驼咖啡里充满了一种淡淡的情怀，当人静下心来就能感受到年轻的女孩们对于梦想的憧憬。

做一个黄粱美梦

白骆驼本身也是一家青旅，除了传统的多人床位外也有单独的房间。燕子很用心地将每一个房间布置成不同的颜色，童话般梦幻的粉红、充满航海梦想的天蓝……

	1	
2		3

1. 白骆驼也是一家青年旅社　　2. 写满留言的拱门　　3. 猜得出老板喜好的复古墙

　　燕子说："虽然我们没有什么经验，可是我们用了心去让每个来的人都能睡得舒服，在这洱海边，怎能不做个好梦呢？"

　　白骆驼里有一只黄金猎犬和一只牧羊犬，性格都很温和，喜欢与客人们玩在一起。

　　阳光照耀的午后，在白骆驼里小坐一会儿，与燕子聊聊关于理科生的浪漫情怀，与两只大狗嬉戏打闹片刻，都是一段宁静安详的愉悦时光。

梦幻的粉红色单间

弹一曲昨日重现

若非旺季，一旦夜幕降临才村码头便会完全安静下来，寂寥的气息弥漫在空气中，让游人平添一丝惆怅。

而白日里安静的白骆驼咖啡这时却变得热闹起来，这里打了一串串小小的彩灯，像是夜色中盛开出无数朵蔷薇，迷幻而美丽。

一阵阵缓慢悠长的歌声伴随着吉他的伴奏声从白骆驼咖啡里飘出，那古老的旋律深沉又沧桑，连路过的行人都情不自禁驻足。

居住在附近的游人会聚集而来，在音乐中，在美酒里，回忆那些过往的美好光阴，恍恍惚惚中，歌唱岁月，岁月如歌。

📍 饮品店资讯

地　　址： 大理市古城才村2路公交车终点站附近

电　　话： 18760906783

人均消费： 30元

特色推荐： 鲜榨果汁

花房咖啡馆
——洱海边的古典清新

20世纪80年代有一首老歌，带着一丝清新，带着几分沧桑，在大街小巷传唱，崔健低沉沙哑的歌声打动了许多人柔软的内心。

《花房姑娘》，中国摇滚音乐史上的一曲小清新，如一缕温柔湿润的春风，在岁月中留下永恒的悸动。

花房咖啡，带着同样的回忆，也如一阵怡人心扉的清风，飘荡着迷人的芬芳，静静地守候在洱海一旁。

◆ **饮品店特色**

◆ 古典清新的维多利亚风格
◆ 有一块室内土地可以种花
◆ 咖啡馆后面是客栈

若问去何方，指着洱海的方向

花房咖啡在一大片白族风格的建筑中，显得那么与众不同。白色主色调，四周都是透明的落地窗，屋顶上一大簇盛开的粉红色扶桑花。

透过落地窗隐隐约约能看到里面同样是白色的花架，上面摆放着各种植物，木桌与白色椅子，墙上大幅的油画，这种种风情仿佛19世纪艺术复古思潮引发的新古典美学赫然眼前。

门口吧台也是白色的，上面放着一台古老的小电视做装饰。小电视上写着几个字：你问我要去向何方。

老板六哥一看便是有故事的人，淡淡的低调，内敛的温柔。难怪，他喜欢崔健，把这个"小窝"取名"花房"。

$\dfrac{1}{2 \mid 3}$ 1. 文艺范儿的吧台　　2. 热情好客的古代牧羊犬　　3. 老板的招牌三明治

走进了花房，逃不脱花的迷香

大门口有一排蓝色格子，里面放的是花房的原创明信片，吸引了不少人来买下一张，然后寄往远方。在岁月中将风景寄给了你，在风景中，又将你寄给了岁月。而这间小小的花房，只是默默做着时间的记录者，不言不语。

花房里有两只懒猫——阿喵和成龙，每天在三层高的猫窝里懒洋洋地晒太阳，完全不搭理人。而古代牧羊犬牧牧，却活泼得让六哥头疼。

花房并不大，胜在洁白清新，像是窗前的一株栀子花，不明艳，却淡雅脱俗，暗香浮动。

留在这地方，与每个人一样

六哥说话很温柔，曾被客人形容为木讷，对此，六哥也只是恬淡一笑，不予反驳。客人们大多喜欢六哥，他身上有着南方男人特有的细腻，他做的黄油三明治很受欢迎，住店的客人常常聚在花房咖啡吃早餐。

才村码头出租电瓶车的商家很多，可是唯有六哥，愿意在一个下雨的黄昏，不按全天而是以两个小时的价格租给了我。

这样善良的男人，会留住每一个来过的游人。

📍 饮品店资讯

地　　址：大理市古城才村码头
电　　话：0872-2691805
人均消费：25元
特色推荐：黄油三明治、椰汁冰爽咖啡

之初艺术馆
——淡泊以明志，
宁静以致远

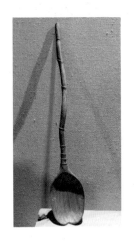

之初艺术馆是一个特别的地方，甚至在整个大理，也很难找到一家如同它一般气场强大的存在。它藏在喜洲的偏僻角落，极少有游人会发现它，堪称喜洲最宁静的院子。

之初艺术馆的主人姓余，在喜洲艺术家的圈子里赫赫有名，大家称呼他为波波老师。有些人的文艺只在皮相上，而波波老师的文艺，渗透进风骨里。

◆ 店铺特色

◆ 浓郁的传统匠人精神
◆ 想象力天马行空的创意手作家具
◆ 开设手工学习班，传授木刻技术

君子静以修身

　　那天，在己巳巳古迹花园客栈老板田老师的强烈推荐下，我踏上了寻找之初艺术馆的路。距离客栈不远的地方有一条乡间小路通往海舌公园，在这条小路的左手方向有一家青年旅舍，之初艺术馆就在青年旅舍的对面。

　　之初艺术馆没有什么门面，平凡的白族民居，古朴的木头大门，上面挂了一块普通的木牌，写着"之初艺术馆"五个漂亮的书法字体。进门便是传统的照壁，堆砌着不少陈旧的瓦片。再往前走几步，会看到屋檐下挂着几个鸟巢，仔细一看，又觉得和普通的鸟巢不一样。鸟巢像一团草编的云雾，有一种迷蒙的美感，后来才知道那是艺术馆主人波波老师的作品之一，可以挂在长着一棵小树的办公桌上——那是波波老师原创设计的手作木工家具。

　　之初艺术馆只是一个很普通的白族院子，可是一踏进去，就能感受到和外面世界完

时光沉淀的岁月之美

全不同的气场。

波波老师穿着一身中式的白衣，凝神专注于手中的木工活，仿佛整个人的精气神已经融入手上的刀具与木材之中，与之合而为一。

有人进门，波波老师置若罔闻，仿佛根本感觉不到，头也不抬地继续做事，纹丝不动。如果你看他，他会感觉到，然后抬头微笑，算是打过了招呼，然后继续低头不语。你说话，他才会温和地与你交谈几句，语调平和、安定。

如果游人偶然到此，不打招呼，也可随意在院子里参观波波老师的作品，他只会凝神静气地专注于自己的定境中，不闻不语。但是进去的游人必然会感受到一股安静的能量，使人情不自禁放低语调，减缓动作，一举一动都带着小心翼翼。

淡泊以明志，宁静以致远

波波老师学过建筑设计与室内设计，开过客栈，做过餐饮，曾在丽江老君山上待过八年，致力木刻艺术已有十年。经历过人世繁华之后来到喜洲，才下定决心放下一切，专心致志地做这一件事，追寻真正的匠人精神。

在时光悠然的喜洲镇上，波波老师会坚持每天花上八到十个小时用来专注于木刻手工的工作。他想了许多办法，从附近一些地方回收废弃的木材进行艺术加工，变废为宝。即便只是一些废弃木料，他也会带着一颗最虔诚的心去雕刻，他说："万物有灵，

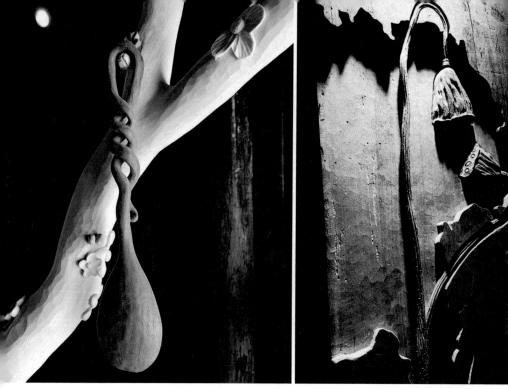

|1|2|3|4|5| 1. 作品中的沉静美　2. 雕刻在门板上的莲蓬　3. 黑暗中永恒的生命力

没有敬畏之心，它是不会听你话的。"

之初艺术馆的院子有两层，楼上、楼下都有作品展厅，游人可以随意参观。波波老师的作品充满了天马行空的创造力，有许多设计灵感前所未见，令人感叹万分。

他做的木头办公桌，桌面形状不规则，像是天然从土壤里长出来的一样。桌面的一角难以想象地挺立着一棵干枯的小树，小树的枝丫密密麻麻，上面放着一个鸟巢。他做的木头长椅，靠背和椅子的腿看上去都是用干枯的木枝架成，似乎随时要散开的样子，但是坐上去却稳固而舒适。这样的作品在之初艺术馆里比比皆是，让人赞叹不已。

波波老师说他成立了一个手工木刻家具的品牌，叫作"一木生"，很快会在旁边再租一个屋子做成咖啡馆，把一些作品放在那边展示，也可以让当地人过来做木工活。咖啡馆会做成小剧场的模式，可以举办民谣音乐会或是话剧的表演。

专注则励精，戒躁方冶性

之初艺术馆开办了手工艺术班，许多年轻人闻名远道而来，偶尔有游人想来上两天课，波波老师却说："学习木刻，需要平心静气、全神贯注，单单学习一种工具或许便要一个月的时间，两三天不成事。学习木刻的过程同时也是陶冶性情的过程。"

倘若真的下定决心来上课，在波波老师这里是没有学徒之分的。他认为每个人都是

4. 工具对于雕刻艺术家来说至关重要　　5.艺术与生活的完美融合

学习者，只是在追求内心的境界中暂时处于不同的层次，依旧都在不断地攀升与修行过程中。

　　喜洲午后慵懒的阳光下，闲适的院子里，看着这个白衣男子面色平静地专注于他的木刻世界中，仿佛时间都停止了流逝，身边除了大自然本身的声音，一切都是宁静无声的。

　　游人可以随意找张舒服的木椅坐下来，闭上眼打个盹儿，享受这难得的清净自在。如果突然忍不住出声打破这片平静，好奇地问波波老师："你手上正在雕刻的是什么？"

　　波波老师会缓缓抬头，微笑着反问："你说它是什么？"他说到这里就不再言语，只是带着一种特别的平静注视着提问的人，那种目光似乎能够看到人的灵魂中去。

　　恍然之间如同得到禅师的棒喝，一语点醒梦中人。

📍 店铺资讯

地　　址：大理市喜洲镇（可向己巳巳古迹花园客栈咨询）
特色推荐：波波老师原创手作木工

餐厅

CANTING

翠田西餐厅
——田野深处有人家

翠田仿佛一幅经典的油画，带着写实的色彩写意了陶翁归园田居的境界。

「暖暖远人村，依依墟里烟。狗吠深巷中，鸡鸣桑树颠。户庭无尘杂，虚室有余闲。久在樊笼里，复得返自然。」一派乡居生活的宁静，一个宁静纯美的天地，在大理苍山洱海的簇拥下，遗世而独立。

◆ 餐厅特色

- ◆ 翠田野花鱼塘环绕的田园风光
- ◆ 西班牙主厨制作的地道西餐
- ◆ 海地生活农场供应的有机蔬菜和鲜奶

需要一点勇敢

翠田西餐厅的老板姓潘，人称潘哥，年轻俊朗。潘哥不久前还是杭州的一个服装生意人，收入颇丰。

由于妻子的家人都喜欢大理并且定居了下来，希望潘哥也能离开杭州到大理试试做番新事业。潘哥一开始很犹豫，十分担心自己是否会水土不服，是否会真正喜欢上大理的生活。他更舍不得的，是自己做了多年的服装行业，毕竟付出了太多的心血。然而这种种担忧都抵不过对家人的爱，终究，潘哥还是选择放弃杭州的事业，来到大理一切重头来过。

潘哥之前没有从事过餐饮行业，但是多年做生意的经验是丰富的。既然下定决心要做，潘哥便打算做到最好。考虑到与海地生活农场可以建立密切的合作关系，潘哥便决定开一家西餐厅。

雨中的庭院

　　面对陌生的行业，潘哥带着杭州生意人特有的勇气放手一搏，找到了下鸡邑村田野深处的一户民居，打造了这家拥有大理最美丽田园风光的西餐厅。

　　坐在翠田的二楼望出去，四周都是绿油油的田野，中间穿插着粉紫色的花田，门外是鱼塘，处处一片生机盎然的自然气息。恍惚间，不知是人在画中，还是画中有人。

　　在翠田就餐的体验是愉悦的，田野里刮来带着青草芬芳的柔风，眺望远方，是一览无遗的蓝天白云。一块块翠绿色的农田在阳光下闪着光芒，花田里每一朵小花都在风里摇曳，时不时有鸟儿飞到屋檐下休息，二楼水池里的鱼儿静静地游来游去。

　　天空的蓝，农田的绿，翠田的白墙与青石，大自然有足够的创造力涂抹出这样动人心魄的美。在翠田小坐，仿佛能听到来自天堂的声音。

1. 餐前面包配了特制的黄油和果酱
2. 招牌香煎三文鱼是必点菜式
3. 芝士意大利面性价比很高
4. 翠田的芒果鲜奶值得推荐，牛奶是自家农场供应的

需要一点信仰

翠田西餐厅的诞生缘起于潘哥的一趟泰国游。他想学习泰国的服务理念开一家餐厅，能够让每个来的客人都被阳光向上的能量感染。事实上，潘哥做到了，他的翠田西餐厅充满了积极向上的热情和快乐饱满的精气神。这是一个活力四射的地方，他也是一个活力四射的人。

翠田西餐厅全部的原材料都来自海地生活的农场，保证了新鲜的口感和有机的健康元素。

有了最好的原材料，加上特意请来的西班牙主厨的手艺，翠田西餐厅的食物不说惊艳至极，却每一样都让人吃得十分满意。

水果沙拉配的是农场新鲜送来的农家酸奶，蔬菜三明治里的有机蔬菜带着大理阳光的气息，柴米多香草煎鳕鱼每一口都能吃出新鲜的味道……最重要的是，比起同等规格的西餐厅来说，翠田西餐厅的价格便宜了一截，或许这正是潘哥的信条——你付出一点，我就还你全部。

需要一点缘分

翠田西餐厅所处的位置不算偏，就在乡间公路的一边，但若不是特意去找，路过的游人常常会错过。从才村码头出发往环海西路方向走，开车五分钟，骑车20分钟的距离便可以找到翠田。

最好的选择，是在阳光灿烂的中午，悠闲地骑着租来的自行车，从才村沿着环海西路走。一路上不必心急地赶路，而是带着舒缓的慵懒心情，看看乡间小路两边的田园风光，吹着扑面而来的清风，哼着乡村音乐的小调，慢慢朝着翠田西餐厅的方向前进。一看到下鸡邑村的路牌便可以转弯，再骑两分钟，一栋装点得文艺气息十足的白色花园民宅便豁然出现在眼前。

开车去环海西路的游人常常从翠田门前飞驰而过，很难发现乡间田野的路上有这样一家风景美不胜收的西餐厅。

我去的那日下着阵雨，很遗憾没有阳光，然而雨中的翠田西餐厅另有一番静寂的诗意。雨天来的客人少，环境格外安宁，在瑟瑟寒风中要一杯热鲜奶，暖意自心头升起。外面的天地仿佛蒙了一层薄雾般模糊起来，烟正蒙蒙，雨也蒙蒙。

潘哥微笑着说："雨天留客坐，不用急。我们喝喝茶，聊聊天。"

于是一首古诗蓦地浮现在脑海里：西塞山前白鹭飞，桃花流水鳜鱼肥。青箬笠，绿蓑衣，斜风细雨不须归。

📍 餐厅资讯 ————————————————————

地　　址：大理市下鸡邑五组386号（环海西路边）
电　　话：13989894808
人均消费：80元
特色推荐：柴米多香草煎鳕鱼、农场肉酱意面、芒果鲜奶

牛背山青旅餐厅
——一碗卤肉饭的人生

北京有一家「只有」创意餐厅，只卖一种食物——卤肉饭，江湖人称「只有卤肉饭」，名声显赫。

牛背山青旅餐厅自然不单单只卖卤肉饭，可是他家的卤肉饭，也同样有着一碗地道卤肉饭该有的平凡与感动。

如果在才村码头想不出吃什么，就去牛背山吃卤肉饭吧。

◆ 餐厅特色

◆ 清新文艺的用餐环境
◆ 来自全世界游客的留言墙令人感动
◆ 单人套餐丰富、实惠

一个人吃饭

旅行的过程中，吃饭是个大问题。旅游区餐厅的菜总是做得很大一份，独自出游的人常常会为吃不完一份菜而颇感浪费。牛背山青旅餐厅的存在，为单身游人提供了最为贴心的丰富选择。

才村码头附近的餐厅多以白族菜、火锅、干锅为主，适合三五人聚餐。当看到牛背山青旅餐厅放在路面的小黑板上写着各式各样的单人菜单时，内心居然有着难以言喻的感动。

番茄鸡蛋面、台湾卤肉饭、咖喱牛肉饭……中式的、西式的，家常的、特别的，这里应有尽有。

一个人发呆

木头搭建的台阶与栏杆，许多盆花草堆放在台阶上，浅蓝色的天花板，从门口望

牛背山青旅在阳光下显得格外小清新

去，便会被它的清新风格吸引。

　　走进餐厅一看，木头桌椅搭配五颜六色的布艺坐垫与靠枕，有些地面铺的是形状各异的鹅卵石，桌子上黄色铁皮桶里插满晒干的薰衣草，空气里弥漫的是蓝调音乐的旋律。

　　若无闲事挂心头，便是人间好时节。晒晒太阳，独自发呆，这里的氛围供应着最简单的快乐。有个网友曾经这样形容，"风往这里吹，旁边的海都是抹茶味的"。

一个人旅行

　　以青旅氛围为背景，牛背山这家客栈的餐厅绝不会让人无聊。与住客相约一起做炭火烧菜的农家饭，每晚八点会放映电影，和老板娘大米最爱的两只小狗"奔布尔霸""霸布尔奔"嬉戏……

座位下特别的鹅卵石地面

墙上写满客人的留言

　　如果说一个人旅行意味着成长中的一次重要转折，那不妨选择牛背山作为这次转折的那个点。它默默地为每一个第一次独自旅行的年轻人准备了最贴心的一切元素，让一个人的旅途不寂寞，不孤单，不彷徨。

　　如果有人觉得牛背山这个地名有些熟悉的话，那是因为令狐冲曾对师兄弟们说过，"归隐当去牛背山"。

📍 餐厅资讯 ————————————

地　　址：大理市才村码头25号（2路公交车终点站约30米处）

电　　话：0872-2691677

人均消费：30元

特色推荐：台湾卤肉饭、香蕉牛奶

乡绅本色餐厅
——纪念消失的文化

黄昏时的喜洲尤其美丽，白日里的游人散去，本地居民们遵循着日落而息的生活本能，享受着繁忙一天后的宁静。在一片清冷的街灯中，唯见严家大院旁的乡绅本色餐厅以一片温暖的昏黄，渲染出属于喜洲特有的人文繁华。

◆ 餐厅特色

◆ 复古与欧式风格的结合
◆ 餐厅环境较佳

感受复古情怀亦可

乡绅身份的产生是中国古代的社会文化现象，他们近似于官而异于官，近似于民又在民之上。时代的变迁使得乡绅作为一种社会阶层退出了历史舞台，但它作为一种文化早已在几千年来融入了中国民间的生活里，成为一种传奇。

这家以"乡绅本色"命名的餐厅是一座木质结构与砖瓦结合的土黄色小楼，保留着喜洲建筑古老的风情，有些古典，有些优雅。

二楼的设计充满着传统的中式古朴调性，墙角的老八仙桌、陈旧的洗手盆架、老木头做成的屏风……一种古老岁月的痕迹如画卷般在眼前展开，在喜洲灿烂的阳光下带着隐约的对过往时光的追忆。

感受欧式风情亦可

乡绅本色餐厅却也不是全然的复古，它的建筑设计与室内装饰中点缀着欧式建筑风情的明丽。

极有特色的建筑风格

仿佛走进一座老宅子

二楼平台处的拱形门窗格外引人注目，半圆形的拱券是古罗马建筑的重要特征，顶上那圈承重的石头叫作卷心石，最早来源于古希腊文明。

木制长桌配的是黑褐色做旧的皮质沙发，几束薰衣草干花插在透明的玻璃瓶里，俨然一股新古典主义的欧式田园风。

乡绅本色同时也是一家咖啡馆，供应各种现磨咖啡。在二楼的小阳台上坐坐，喝一杯现磨云南小粒，看四方街人来人往，可以惬意地消磨午后的时光。

同属乡绅本色旗下的还有一家客栈，就在著名的严家大院旁边。

感受喜洲特色亦可

乡绅本色餐厅以白族家常菜为主，菜式上与其他餐厅并无差别，但同样的口味、同样的价格，就餐环境却比镇上绝大部分的本地民居餐厅好上太多。

当地特色的木瓜酸辣鱼都是洱海鲫鱼做的，论斤卖，鱼很新鲜，其余诸如"水性杨花""八大碗""洱海油爆虾"等喜洲家常菜在这里都能品尝到。

对于只打算在喜洲短暂逗留的游人来说，去过乡绅本色餐厅，也算是吃过了真正的喜洲味道。

♀ 餐厅资讯

地　　址：大理市喜洲古镇四方街西南角（严家大院旁）
电　　话：0872-2475909
人均消费：40元
特色推荐：木瓜酸辣鱼、洱海油爆虾、凉拌野菜

双廊

洱海畔的梦想和青春

　　双廊早已成为文艺的代名词，蓝色的洱海、开阔的视野、自然的人文气息，都是双廊吸引众多文艺青年的元素。

　　双廊的美不仅在水天一色的高原自然景观，更在那些藏在客栈与咖啡馆里面的人文故事。在双廊的日子里，人人都不会错过海地生活蓝与白的经典风情，也有人会惦记着那吃了一口就会上瘾的蓝影客栈的芝士蛋糕。双廊有许多值得尝试的趣事，比如，在老盛的杂货铺里玩味西洋旧货，或是在某个清晨光顾大名鼎鼎的猫窝咖啡，与猫儿嬉戏的时光会永恒地记录在属于双廊的那张明信片里。

客栈
KEZHAN

海地生活客栈
——传奇独此一家

如果选择属于双廊的颜色，只能是海地生活创造的蓝与白；如果解构双廊的抽象符号，只能是海地生活的那张白色长桌；如果赋予双廊唯一的标志，只能是『海地生活』这四个字。

很多人来，很多人走，有些回忆，却永远无法忘记。那段关于海地生活的传奇，已是双廊的童话。

关于梦想，关于青春，关于奋斗，在双廊，说的都是同一个名字，海地生活。

◆ 客栈特色

◆ 多年前传奇的青旅带着岁月的痕迹依旧保留
◆ 洱海边的咖啡馆独享春暖花开的梦想
◆ 丰富多彩的活动不定期举行
◆ 每晚八点书吧会放映电影

面朝大海，春暖花开

在传说中的某一年，那时的双廊还只是个默默无名的小渔村，没有文艺，没有咖啡，没有民谣歌手的传唱。

只有狭窄的石子路，承载着双廊渔民们悠久的传统与历史，封闭的世外桃源，与世无争。

有一日，来了几个年轻人，他们青春的脸上带着几分旅途的疲惫，他们的肩膀上背着沉重的行囊，他们的未来还是一片迷茫，于是一直走在路上，四处寻觅希望的方向。

原始的双廊气息征服了他们，他们被那片天空的蓝、湖水的蓝震撼了灵魂——伟大的海子歌颂的天堂原来就在这里，"我有一所房子，面朝大海，春暖花开"。

洱海不是海，比海更温柔。双廊的阳光，灿烂得可以燃烧青春。终于，就是这里，

精品院落里的私属美景

年轻的人们结束了长久的漂泊与流浪，放下背包，开始修建一所属于自己的房子，一所属于世界上每一个带着梦想的年轻人的房子。

于是，双廊有了第一家青旅，承载着一个阳光的梦想：为每一个有缘流浪到此的年轻人提供一张温暖、软和的床位。

那段时光，是属于真正的背包客的岁月。没有人在意房间是否破旧，没有人关心明天何去何从，只求今夜。年轻的人们聚在篝火旁，天南地北双飞客，谈人生，谈理想。今朝有酒今朝醉，与尔同销万古愁。

那时没有人能够预料，这家叫作"海地生活"的青旅在未来的岁月里，会化身为双廊最浪漫的地标。

从无到有，从有到精

政伟是个伟岸的内蒙古男子，他从辽阔的草原漂泊到北京，又一路辗转到上海。繁华都市的气息让内心渴望自由的他不那么自在，于是他一路南下，直到有一天，在海地生活驻足。

海地生活从不缺浪子，稀罕的是从浪子变为归人。政伟从海地生活的一名过客变成了义工，继而成为员工，一留便是六年。光阴似箭，岁月如梭，他洗去了漂泊的沧桑，

空无一人的长凳

沉淀了一份时光的醇厚。如今，他已是海地生活的职业经理人。

最早创建海地生活的年轻人重新开始了另一份冒险，而曾经关于青春岁月最美好的记忆则留给了政伟，由他全权打理。

在大理，在双廊，政伟的名字就是响亮的活招牌，走到哪里，都会遇到他的朋友。

海地生活美丽的员工卷卷，美术学院壁画专业毕业。她悄悄告诉我："我选择海地生活留下来，是因为政伟是个有趣并且才华横溢的人，可以在他身上学到很多东西。"

　　这就是人格魅力。在政伟的经营下，海地生活早已不是当年简陋的模样，四号院和五号院两个精品院楼的建成，标志着海地生活在发展中迈向了高端的定位。

　　可是，没有人忍心割舍那段青春的痕迹，因此海地生活永远地保留着往日青旅的床位，依旧坚守着曾经的梦想与执着，继续为爱好流浪的青年人提供一张便宜却安全的床位。

　　这是一份不能忘却的纪念，纪念那段阳光灿烂的日子。

还有什么是比在这样的风景里醒来更幸福的事

极富民族风情的色彩

没有阶层，只有情怀

如果你有钱，海地生活准备了私密的精品客栈区；如果你怀旧，老白族民居的二号院依旧带着过往的沧桑；如果你还年轻，还不够富有，不用担心，青旅床位才是海地生活的灵魂。

海地生活的青旅谈不上多好的条件，但没有人可以拒绝它的氛围，每当风起的时候，可以悠闲地看潮水拍打着屋前的萝卜青菜，还有不经意点缀其中的各色野菊花。

二号院是老房子了，房间显得有些陈旧，没有电视，床上用品不比新修的客栈，但洗澡水够热，水量够大，让人能舒舒服服睡个好觉。

而价格过千元的精品客栈区，则处处透着精心设计的高端气质，开放式的浴缸，临水的阳台，房间包含一张下午茶券+早餐券+船票券，每个院子都有一位管家。

在海地生活，没有人在乎你的阶层。想来炫富的，多的是不软不硬的钉子碰，这是早年地道文艺青年们传承的风骨。囊中羞涩的，无须低头，满院子的青春与朝气打破所有的禁锢。

在海地生活，大可遗忘自己的社会属性，只做自己，在这片天空与湖水的蓝色中，与那些差钱与不差钱的人们，平等自在地高歌，这就是海地生活永恒的精神属性。

至于海地咖啡馆门口那张大名鼎鼎的白色长桌，你可以毫不气馁地加入排队拍照的行列，也大可选择一笑而过。政伟说了："那只是海地的过去，未来，自己去找吧。"

📍 客栈资讯

地　　址：大理市双廊大建旁村

电　　话：0872-2461762

预订方式：青旅只接受电话预订，需提前半个月；四号院和五号院可以在网上预订。

房间价格：50～2000元

蓝影客栈
——遗世独立的梦幻空间

"总有些传奇藏在不为人知的小巷中。"这样的话，听起来有几分哲学的意味，却让人难以分辨是否是真理，直到偶然间自己亲身经历。

蓝影客栈如同一个绝色女子，常年身着素朴的布衣，住在巷子的尽头，只等人偶然靠近，她轻轻地抬头，惊鸿一瞥间，国色天香。有些人永远难以忘怀，有些地方住过一次，便成了人生中永恒的纪念。蓝影即如是。

◆ 客栈特色

◆ 精美花园庭院
◆ 双廊唯一的空中鱼池
◆ 零距离触摸洱海的咖啡馆
◆ 冠绝大理的经典重芝士蛋糕

不用藏了，满满都是艺术的气息

每个人都会穿衣，却很少有人是服装设计师；每个人都会吃饭，却很少有人是美食家；每个客栈的主人都喜欢往院子里堆砌花花草草，但唯有蓝影，艺术得都快溢出来——别不承认，一眼就能识别的品位，藏都藏不住。

复古的门窗桌椅看似随意地散乱在每个角落，院子中间一张厚重、古朴的长木桌配的是白色的藤椅，满园天马行空的植物装饰假装随心所欲，却处处是景。

一楼、二楼、三楼……没有一个角落不让迷恋空间视觉设计的人流连忘返，陶醉其中。

就爱坐在客厅里抬头看天花板上的鱼儿游弋，就爱藏在咖啡馆最不起眼的角落偷看洱海潮起潮落，就爱在看似尘埃遍布的墙角废物般堆砌多肉盆栽，就爱在浓郁的文艺气息里乱入一只小熊来卖萌……有才华就是这么任性，不是行家，不懂《恋物志》里传达的范儿——爱捡垃圾的三毛，营造最艺术的人生。

海景房里开阔的平台

　　一头栽进蓝影的视觉空间里，无法自拔，贪婪地汲取着主人的创意，佩服得五体投地。

　　"我不是设计师，"美丽的老板娘银翘笑道，"我的搭档才是，他是资深建筑设计师。"

　　果然!

　　如有可能，真想住足一个月，慢慢取经。

　　蓝影的客房档次拉得较开，最贵的星空双层海景套房整整有100平方米，价格自然不菲，紫色绒布的双人床旁边还有同色系的榻榻米，配搭民族风的棉布装饰，色彩的混搭是完全的大家手笔。木质结构的家具打底朴质基色调，再淘来各种色彩斑斓的地毯、窗帘、垫子，在古典意境中透出后现代主义的气息。卫生间极为宽敞，干净的浴缸靠在落地窗边，可以泡在浴缸里看洱海。

　　如果选择院景房，价格立即便宜许多，房间里不配备电视，主人认为在这美妙的环境里看电视是浪费生命——请在这度假的时光中将身心交付自然。如有需要，公共空间配有投影仪可看影片。院景房比不上海景房宽敞精致，但结构合理，青色的砖墙隔离卫生区域，古朴自然。卫生间的墙上也用大块石头堆砌，青花瓷风格的洗手盆，天花板是木质结构，挂着一个大灯笼，有种民国风的幽静。水温合适，被子温暖，让疲惫的旅人

小小的私人码头，与洱海零距离接触

充满民族风情的房间

一夜好梦。

大致由于是民居建筑的缘故，蓝影的隔音不大好，清晨时分能听到附近小学广播的音乐声，但并不惹人恼。躺在床上迷迷糊糊间，听到隔壁起床的声音，义工早起忙碌的声音，孩子们的欢笑声……这一切都充满了双廊最真实、最旺盛的生命力，伴随着灿烂的阳光升起，刹那间，仿佛是小时候暑假时在外婆家醒来一般。

许多故事，并未被岁月尘封

蓝影的主人是老聂和银翘，多年前纯正的背包客，去过的地方连自己都有些记不住。

两人曾在西藏开过客栈，后又因迷恋双廊而定居下来，客栈里的家具、窗帘、桌布、地毯、植物、照片、花瓶都是他们走遍世界淘来的。

银翘是北京女子，年轻时也曾做过旅行作家，为《孤独星球》撰稿。她在大城市里换过不少工作，收入颇丰，生活稳定，但并不能回答她灵魂中对生活意义的拷问。

"我终究是适合在路上的，"她笑起来像迷人的小鹿，"曾经在西藏也好，如今在双廊也好，都是我整个生命在路上的过程而已。"

尽管岁月带走了她青春的容颜，却为她沉淀下更隽永的美丽。你无法琢磨她的年龄，因为她有少女般开朗的笑容，而那份洒脱与爽朗，却透着时光的婉转。

离开双廊的前一夜，我带新认识的朋友去拜访她，她穿一身白衣，拿着剪子在花园里忙碌。朋友说，从她平静的笑容中再难看出她背包走遍千山万水的故事，可是她的风情却早已渗透在蓝影客栈的每一个角落，耐人寻味。

那个安静的双廊之夜，我们聊到很晚，却不曾刻意去触及她过往的故事，或许那些年轻时的冒险与精彩已被岁月冲淡，但她如今时时用一颦一笑提醒我们——她一直专注地活在当下，灵动得如同蓝影院子的水池里那一朵隐藏的蓝莲花。

面朝洱海，煮清茶一杯

即便不是蓝影客栈的住客，也务必要去蓝影的咖啡馆坐坐，午后阳光明媚适合小憩，也或者，日落后去，在小小的码头上看夜幕下洱海对岸的灯火人家。

蓝影咖啡是值得认真推荐的，满墙的照片都是摄影师朋友的私人作品，在有限的空间里，每桌的位置都被天才的设计师老聂打造出特别的氛围。坐这里，适合两三好友窃窃私语；坐那里，适合一人捧杯独拥整片洱海。

有些客栈的咖啡馆只是摆设，但蓝影咖啡是专业级别的，尤其是他家的经典重芝士蛋糕，在大理几乎找不出更好的了。

1 | 2　　1. 花园里的长桌　　2. 会上瘾的秘制芝士蛋糕

"我们从大师那里买来了秘方，"银翘笑得得意又狡黠，"别说双廊，即便在大城市里也是拿得出手的。"

关于美食的话题在蓝影里都是故事，客栈的义工是一位台湾省的大妈，曾经专业学习过珍珠奶茶的制作，是资深行家。她滔滔不绝地向我们讲述正宗珍珠的制作方法，讲述台湾民间那些小吃的故事……说的人或许只是一时兴起，听的人则难免心生向往。

蓝影客栈悄悄避开双廊的熙攘人群，藏身于古镇偏僻的一角，大隐隐于市，如同它主人的气质一般，满身清净自在。

如果只看蓝影的门面，没有人能想象出来，推开门的背后，藏着一片梦幻般的生活天堂。

许多人拥挤在一处看洱海，唯我悠然煮一杯清茶，在蓝影绚烂的艺术气息里独自拥抱整个洱海的灯火阑珊。

📍 客栈资讯

地　　址：大理市双廊古镇镇政府旁边的小巷里

电　　话：0872-2461259

预订方式：网络/电话

房间价格：200～3000元

安曼达客栈
——喧嚣中的那抹翠绿

安曼达客栈并不气派，也没有什么耀眼的招牌，它混迹于一排雷同的客栈里，不显山不露水。

可是，一旦你走进去，就仿佛漫山遍野的山风吹来，闭上眼都能闻到青草的气息。它是一抹清新得令人沉醉的翠绿，一簇双廊悄悄绽放的风景。

可是，它的内心就如同它的主色调一般，一旦你走进去，就仿佛漫山遍野的山风吹来，闭上眼都能闻到青草的气息。

◆ 客栈特色

◆ 小清新的薄荷主色调
◆ 每个房间都有观景小阳台
◆ 美女店长的秘制饮品

以一抹清新色，使岁月不流逝

店主小静是潮汕女孩，气质古典。她原本只是双廊的过客，却在旅途中留了下来。老板娘不在的时候，她默默打理着店里的一切，看她悠然平静的模样，岁月静好。

安曼达客栈的公共空间仿佛是偶像剧中的布景，木头的长桌，白色厚垫沙发，薄荷色点缀的门窗，白色栅栏的小花园。明亮、清新、甜美，像是蒂凡尼盒子的招牌色彩，又像是白色情人节里的巧克力糖果，关于童话、关于浪漫、关于梦幻的全部情结，都被安曼达收藏。

遗忘今夕是何夕，几分温暖黄昏后

夜晚的双廊颇为寂寥，在安曼达客栈却无人舍得睡去。复古吊灯的灯光下，欧式的壁炉吧台与长木桌有着异域的气息，那只雪白的萨摩耶Eason趴在一旁打着盹儿。一切安详得如若中世纪的油画，在冷暖交织的光影下烘托出古典主义的沉静。

$\dfrac{1}{2}$　1. 文艺气息浓郁的房间设计　　2. 格纹沙发带来了美式田园气息

有人嘀咕这连绵不断的雨天使人无奈，店长小静便会微笑着把一杯漂亮的草莓汁端上，那是她的秘制饮品，好喝得让人上瘾。

店里有两个年轻的义工，他们有着不同的过往，却共聚一桌，聊着这个世界上各种趣事。长桌旁，一灯如豆，虽无酒，却仿佛把酒言欢。

阳台外美得令人窒息的景致

卧榻仰望星空，临水拥抱黎明

安曼达最有特色的房间是楼顶上的星空房，单独隔离的小院子，青瓦白墙木门，躺在露天的浴缸里可以眺望洱海。床上方的天花板上有个小窗，睡在床上便可拥有整片星空。

木头铺成的地面，地中海蓝的椅子和白色的圆桌，静静地眺望着远处的洱海。这是安曼达客栈里几乎每个房间都配置的小阳台，在清晨时拉开厚厚的窗帘，站在此处深深呼吸，迎接洱海上新生的阳光。

这纷扰尘世中，难得这样一块清新的小天地，仿佛一颗薄荷味的甜美糖果，只属于与美好相关的记忆，永不褪色。

📍 客栈资讯

地　　址：大理市双廊镇大建旁村安置地
电　　话：0872-2506517
预订方式：网络/电话
房间价格：300～700元

饮品店
YINPIN DIAN

猫窝咖啡馆
——看猫只是缘起

每个旅游地总有这样一些店，有人爱得要死，有人嗤之以鼻，争论越大，它往往名气越大。猫窝咖啡便是双廊很有争议的店铺之一，其实一点儿也不奇怪，不过是客人的人生阅历不同，年龄不同，喜好也就不同罢了。

这个世界或许没有什么是真，仅仅是寻找与自己有缘之人罢了，这大概就是猫窝咖啡的生活态度。

◆ **饮品店特色**

◆ 深蓝浅蓝与白色交织的地中海风情
◆ 五只在双廊大名鼎鼎的猫
◆ 自制明信片可以代寄

春梦秋云，聚散好时节

我在一个初秋的清晨随意逛到猫窝。这个时节是整个大理的淡季，四周一片寂静，只有阳光透过树叶洒落斑点，咖啡馆里没有一个客人，宽敞得让人欣喜。

白色桌椅配着或深蓝、或浅蓝色的厚垫子，墙上是天蓝色的木框，桌子上灯塔造型的台灯样式最为别致。传闻中人少不能坐大桌，我揣度此时没有客人大抵无妨，于是大大咧咧地选了四人座的沙发。小妹递过来菜单，点完单后又淡淡地说了一句"如果人多要拼桌"。

"好。"我微笑。对话结束。

这样便安好，彼此偶然交集，然后回到各自的世界中，不必太多热情，不必徒生情绪。有时这也是旅行的一种方式。

看得到庭院风景的位置

人世奔波，不及跛猫儿

来自深圳的Teddy说："真想留在大理做一只猫。"她说得很认真，我也点头附和。

1│2   1.傲娇的神情，对人不理不睬   2.用鲜牛奶做的奶茶

　　这世道浮躁不安，变成一只猫儿，在大理的蓝天白云下吃吃喝喝，晒着太阳打盹儿，倒真是无染无所着，无想无依止。

　　听说店里的猫都是老板娘在北京收养的流浪猫，千里迢迢带来双廊，养了好几年，并没有什么高贵的血统，如今倒是成了双廊的明星。

　　我喜欢猫，却没到迷恋的地步，于是也懒得逗玩，它们发它们的呆，我找我的乐子，相处甚悦。

　　看猫只是缘起，最终猫窝咖啡打动我的却是四方游客留下的明信片，上面的文字写尽世事悲欢离合。

📍 **饮品店资讯** ────────────

地　　址： 大理市双廊镇玉几岛（近玉波阁）
电　　话： 0872-2461520
人均消费： 50元
特色推荐： 玫瑰酱酸奶、白咩拿铁

晴朗咖啡馆
——你若安好便是晴天

有钱又有闲的时候，一定要去双廊。

去做什么？

喝茶、发呆、聊聊梦想、看碧水蓝天……还有，面朝大海，晒晒太阳，阳光一定要够晴朗。

哦，原来你是想去晴朗晒太阳！

你说的就是晴朗，它的世界里，阳光真的很晴朗。

……

◆ 饮品店特色

◆ 有露天花园
◆ 拥有开阔水平线
◆ 自然清新的设计风格

漫步红尘烟火里

南诏风情岛的码头是双廊游客较为集中的地方，这一带，有些喧哗，有些吵闹，却也人气十足，一派红尘繁华。

古城里开了多年的唐朝酒吧在这里设了分店，白天便有很大的音乐声，晴朗咖啡就在唐朝隔壁，比起邻居的热情，它顿时变成了幽静之所。

晴朗咖啡在室外摆放了桌椅，提供露天座位，可以喝着咖啡眺望洱海。洱海水面很宽，看不到尽头。

室内空间也很大，墙面是不同大小与形状的灰岩石，配上木头桌椅和一些浅绿色的布艺沙发。原木隔板上随意搁置着一些相框和几个木偶，添了些许童真的气息。

很安静，仿佛隔绝了红尘世事。

碧海蓝天处的晴朗

你是人间四月天

双廊阳光明媚的天气通常都有几分燥热，晴朗咖啡木质的主色调添了清新的凉意，让人的身心顿时宁静下来。

随意点杯现磨咖啡坐在落地窗前，阳光在玻璃上折射出点点五彩的光斑，静静地打望碧蓝的水面，懒懒地晒着太阳，心若止水，似乎当下，便是人间四月天。

晴朗咖啡的饮品还算地道，价格也比较合理，可以小憩片刻，可以坐很久很久，想来便来，想走就走。自行到吧台购买，无人搭理你，不与人客套，轻松自在。

人生聚散两依依

虽然很安静，但偶尔也能听到隔壁唐朝传来的音乐声。突然会沉思，有时人与人近在咫尺，我坐这里，你与我隔一堵墙，可是不同的内心世界，却隔了远在天涯的距离。

颇具复古气息的角落

　　你好安静，他人爱热闹，都是人生的风景，不过各自取舍罢了。或许，隔壁听着吉他的年轻人正如你一般理解着别人。如此，一切都那么美好。

　　一花一世界，好在我只是在这样一个晴朗的午后选择了"晴朗"。不过喝喝咖啡、晒晒太阳，转眼各奔东西，缘起缘灭，一切安好。

📍 饮品店资讯

地　　址：大理市双廊镇海街B栋（近南诏风情岛码头）

人均消费：30元

特色推荐：冰摩卡、冰拿铁

老盛杂货铺（狂喜手工）

—— 关于时间的相对论

老盛不老，是个年轻英俊的北京男孩子。老盛的杂货很老，穿越了百年光阴，在斑驳的痕迹中已没有人能说出它们原本的模样。

狂喜手工很新，大度包容，时尚的、民族的、原创的、尖锐的，是老盛古老旧梦的新希望。

老盛把过往的、古老的、陈旧的、锁进仓库，把全新的原创首饰摆进店铺，就如同一场梦想的轮回，有失落，有期冀，有关于青春岁月那场摇滚激情的记忆。

◆ 店铺特色

◆ 一家在现实中寻找方向的理想主义杂货铺
◆ 双廊较早的资深文艺老店之一
◆ 行家可以让老盛开放他的仓库来淘货

我很年轻，岁月很老

老盛杂货铺在双廊赫赫有名。它开在双廊古镇的主街上，老白族民居，泛黄的木头门窗，很大的陈旧的落地玻璃，上方的"老盛杂货铺"几个字已经看不出年头，满是沧桑的痕迹。倒是门口竖着崭新的具有现代感的"狂喜手工"四个字极为显眼，让人摸不清头脑。

前去拜访多次都吃了闭门羹，铁链拴着木门，没有营业，周边邻居猜测老盛杂货铺已经转手，变成了"狂喜手工"。

门上贴着"狂喜手工"的电话号码，却也没能联系上，只能遗憾作罢，却不想在离开双廊的前一夜，接到老盛的电话。老盛说他去了外地，刚回双廊，原来"狂喜手工"也是他开的。

全手工制作的首饰

于是赶着在黄昏时分去找老盛，看杂货铺穿越般的古老模样，以为老盛也该是人过中年，却不想，看到的是一张年轻的脸庞。

老盛是土生土长的北京人，不善读书，如同孙睿《草样年华》里记述的那样稀里糊涂混了四年大学，心思都在买打口碟和听乐队演奏上。

老盛自己不玩摇滚，但是极其迷恋，号称收藏了几千张唱片。或许听得太多，自然而然也就有了一种同类的气质，崇尚自由，有些不羁。

"已经变了许多。"老盛笑道，"老了，不敢像年轻时那般肆无忌惮。"

话虽如此，老盛还是很年轻，可是他的店真是双廊的老店，已经开了四五年。

旧的不去，新的亦来

老盛算得上是老双廊文艺青年，来的时间早，一开始就不为着赚钱，只图个梦想的实现。

可是不想这两年双廊突然火了，越发商业化，租金大涨，老盛有点文艺不起来。

"文艺不代表不长大不成熟，"老盛认真道，"我需要为未来想得更多。"说这话时，他的眼神不自觉飘向他忙碌着的温柔的女友。

1 | 2　　1. 老盛的品位打造了如今的狂喜手工　　2. 老盛心中对大理的抽象认知

老盛迷恋西洋旧货，喜欢全世界寻找那些叫不出名字、猜不出用途的、稀奇古怪的老物件。他是真的热爱，把它们整理拍照，放在自己的手机里，随时与同好分享自己的心水物件。

他打开一张照片让我们猜，照片上的东西有浓浓的美国西部风情，像某种神秘的工具，我们猜了几次都错。老盛得意地笑了，"这是很早以前酒吧里用来赌博的道具"。

购买西洋旧货对普通人来说还是件超前的事情，以前来双廊的都是真正的文艺青年，他们懂得那些老物件的价值，愿意倾其所有为老盛的收藏买单。如今来双廊的都是游人，老盛的生意不好做，所以"老盛杂货铺"变成了"狂喜手工"。

老盛找了个仓库把他心爱的西洋旧货都收起来，店铺里开始生产销售原创民族首饰，老盛的艺术底蕴毕竟在那儿，设计的首饰风情十足，颇受游人喜爱。

"我不会放弃我的爱好，"老盛的语气很坚定，"有兴趣的人可以来问我，我带他去仓库里挑。"

为了明天，收藏昨天

时尚圈里顶级恋物狂都是真正受推崇的生活艺术家，收藏光阴打磨后的各种小物件，那种意境要追溯到对很多年前文化氛围的迷恋，对那段岁月的追思与怀念。

大多数人对古玩、旧货和收藏之间的区别还十分模糊，老盛有些遗憾，"他们无

1｜2　　1.老盛心爱的收藏品　　2.这个兔子头是老盛最爱的收藏之一

法理解其中的价值"。

有一句谚语颇具哲学意味——今天丢掉的东西就是明天的收藏品。

在信息与物质大爆炸的时代，太多东西日新月异，时间仿佛装了加速器般疾驰而去。我们太需要有些东西拉住时间的缰绳，让它跑得慢些，再慢些。一块手表、一台收音机、一部脚踩缝纫机，懂得珍惜生活中的这些点点滴滴，才明白时光的珍贵，岁月的无情。

天若有情天亦老。把岁月收藏在昨天，把希望留给明天。

有个年轻人来老盛的店里，想选一件送给母亲的生日礼物，可是原创首饰的价格超出了他存下的零花钱，老盛洒脱地以低价格卖给了他。"开店的目的就是让别人快乐，成全他的一片孝心，我举手之劳而已。"

老盛并不富有，但他在精神上，真的很富有。

📍 店铺资讯

地　　址：大理市双廊古镇康海村吉祥红饭店旁

电　　话：15901071160

特色推荐： 欧式紫色兔子头、蝴蝶标本

徐哥的手信店
——串联的青春

徐哥自然姓徐，但徐哥不是哥，而是个青春漂亮的90后妹子。

徐哥喜欢各种木头、水晶珠子，一颗又一颗串联起来，像是年轻岁月里无声的风铃，晃动出最飞扬的时光。

徐哥刚刚大学毕业，却已有了自己独特的生意经。徐哥的手信店最大的特色是什么？当然是徐哥。

◆ 店铺特色

- ◆ 木头、水晶珠子种类丰富
- ◆ 清新的店铺设计
- ◆ 滇红玫瑰产品

我的青春我做主

徐哥是个大学刚毕业的女孩，兰州人，学室内设计。上学期间尝试做微商，小有收获，于是家人也就支持她在双廊开了这家真正属于自己的店铺。

徐哥对自己热爱的珠子们推崇备至。"为什么喜欢珠子？"徐哥瞪大眼睛说道，"我就是喜欢啊，各种新奇的珠子都是我的最爱。"年轻哪有那么多为什么。

一毕业就创业，徐哥还没有真正地进入过职场，她认为想到做什么事就要赶紧去尝试，莫等岁月空流逝。

原本就是学设计出身，徐哥的店铺装修得风格鲜明，一张油画风格的屏风最为显眼，而墙上则点缀了一些清新的地中海元素，五光十色的珠子挂在上面，情调十足。

年轻也要未雨绸缪

除了琳琅满目的各式手工珠子，徐哥还卖云南当地的滇红玫瑰产品，从花粉到浓液

1 | 2   1.每一串都是徐哥的用心之作   2.徐哥说，喜欢这些珠子不需要理由

到玫瑰花酱，各种美容养生的玫瑰补品，徐哥都很喜欢。

"再年轻，女人也要爱惜自己的容颜。"徐哥说得一本正经。相关的手工玫瑰产品，加上当地特色的木瓜、雕梅酒，一直是徐哥店铺里的热销产品。或许因为徐哥足够漂亮，是活色生香的招牌。

把双廊顺手捎上

开这家手信店的原因，是因为徐哥喜欢双廊，并认为来双廊的过客应当把最有特色的东西作为手信捎走。

"这么美丽的地方，应该带走它的回忆与没来过的人分享。"徐哥的话，有着年轻人特有的直爽，"难道不应该为喜欢的人带走一份最好的礼物？"

徐哥没事就坐在店铺里穿珠子，那些木头的或水晶的珠子在她的巧手下仿佛有了灵气，恰到好处的色彩搭配，各种材质之间的组合，都是徐哥因为热爱而具备的天赋。

徐哥那么年轻，可是当她穿着她的珠子时，是那么宁静，仿佛这柔软时光打造的双廊，本就是她的故乡。

📍 店铺资讯

地　　址：大理市双廊镇大建旁村
电　　话：18409310970
特色推荐：滇红玫瑰黑糖、星月菩提

意 Story 手工
陶瓷店
——青花斗彩

陶瓷是人类文明史上最早出现的一种艺术形态，在所有艺术门类中最单纯、最简洁。这是一种需要用时间、用灵魂把玩的艺术品，若非光阴的打磨，若非生命的洗礼，罕有人能懂得它的意境。

浮躁不安的时代，工业化的批量生产，世界让我们不安。还好有这样一家小小的手工陶瓷店，依旧执着，默默地讲述着一段悠长而又古老的历史。

◆ 店铺特色

◆ 独立设计师作品
◆ 全部作品都在景德镇烧制
◆ 以宋瓷风格为底蕴，加入现代制作工艺

看山只是山，看水只是水

老板娘花椒君毕业于景德镇陶瓷学院，对于陶瓷设计，有着一种与生俱来的迷恋与执着。她会滔滔不绝地向客人讲述关于陶瓷的一切故事，并且常常会忘记大部分人不大能理解其中的奥妙。

花椒君的苦恼是不知该如何让游人理解，手工陶瓷与工厂中批量生产的陶瓷完全不同，而人们只会看到价格的差异。

一件完整的手工陶瓷产品离不开老天的恩赐，从灵感的产生到设计的呈现，再到对原材料的细心融合，最后烧制不能出一点差错，只看老天是否成全。每一件作品都是独一无二、不可复制的。

看山不是山，看水不是水

观千瓷而识器，手工陶瓷从成型到施釉、绘画、雕刻，再到烧制，每一步都融入了

清新典雅的陶瓷店

设计师个人的创造与情感，它烧的不仅仅是泥土，更是设计师的精气神。

意Story手工陶瓷店里卖的除了花椒君自己的作品，还有她以前在陶瓷学院的同学们的作品，他们大部分都留在了景德镇，成立了自己的工作室。

无事时在店铺里仔细分辨每一件作品背后不同设计师的风格，或雅致，或拙朴。从那素朴的泥坯中能看透里面所蕴含的精神时，才能体会到沉甸甸的手作之美。

看山还是山，看水还是水

陶瓷作为一种艺术形态，有着最生活化的实用性。它的灵魂是抽象的，它的作用是平凡的。它可以泡一杯清茶，也可以养一枝绿芽。

陶瓷设计师们的展示台

　　意Story里卖的手工陶瓷多数并不是纯粹的装饰品，它们兼具了生活器皿的功用性，蓝白条纹相间的花瓶、土褐色与漆黑色搭配的小茶罐、民国风情的沉香屑香炉，还有原创的陶瓷首饰。为生活点缀艺术的美感，意Story的禅意只是如此平凡。

📍 店铺资讯 ────────

地　　址：大理市双廊古镇粉四客栈对面
电　　话：15308726065
特色推荐：设计师签名碧绿花瓶、天蓝色小人玩偶

掌灯还家原创设计店

——青春漂泊的驿站

这是三个女孩关于生活的梦想，里面有流浪、有憧憬、有不安、有愉悦、有争执，有流光溢彩，有天长地久。她们走过美丽的九寨沟，在藏区积累希望的种子，她们漂泊到双廊，却不知这里是不是终点。

这家店铺里藏着双廊最让人温暖的句子，走进去看一眼，发现世界那么大，这里才是我的家。

◆ 店铺特色

- ◆ 东巴纸做的笔记本很漂亮
- ◆ 所有明信片都是三个女孩原创
- ◆ 游客的文字在墙上拼成一棵树

昨日之日不可留

Momo她们都才刚刚离开大学校园，还是社会新人。"可是，我们去过很多地方，曾经在九寨沟住了很长一段时间。" 在九寨沟的经历让Momo有了开店的梦想，一路和小伙伴们漂泊到双廊后，她们决心在这里安家。

她们用心拍摄了原创照片，制作成明信片，很受游人欢迎，很快写满文字的明信片贴满了整面白墙。她们用心开发各种原创手工物件，虽然不是专业的，却摸索出许多心得。

可是，年轻的心总是很难安定下来，有个小伙伴想要离开，Momo有些难过，但她眼神依旧倔强，"我会坚持"。青春的岁月里，没有人在乎昨天。

今日之日不烦忧

掌灯还家的面积很大，挑高的天花板，空间十分开阔。Momo还正在调整室内的摆设，有些地方显得有点空荡，而角落处木架上几本漂亮的笔记本格外引人注目。

1 | 2 | 3 / 4

1. 满墙都是客人们留下来的明信片　　2. 文艺而又安静的咖啡角落
3. 咖啡桌上一角　　4. 在这里，你总能找到一段可以打动自己的文字

那是古老的东巴纸制作的原创文艺风格笔记本。有人说东巴纸是世界上最昂贵的纸张，也有人说它可以历经千年而不坏。

"我们开店的经验还不丰富，但是我们力求提供最好的。" Momo正计划在双廊再开一家客栈，用一样的名字，"掌灯还家"。这四个字仿佛有一种魔力，有一种超越了她们年龄的被时间沉淀出的沧桑。

明朝散发弄扁舟

店里最吸引人的是藏在里面的一间小小咖啡茶室，虽然只是几张简单的木头桌椅，但清新自在。云南小粒、柠檬茶、奶茶都比外面的咖啡馆便宜。Momo亲手调制的冻柠檬茶，口感算不上惊艳，但中规中矩喝得出诚意。如此这般便值得称赞，她还只是个心很大，却刚刚上路的孩子。

这三个年轻的孩子在店铺里贴着一句话，足以打动每个历经人生悲喜的成年人，"世间所有良辰美景，都是回家路上的灯火"。

📍 店铺资讯

地　　址：大理市双廊古镇主街
电　　话：15576973845
特色推荐：原创明信片、东巴纸笔记本

餐厅
CANTING

彩虹小镇餐厅
——致青春

每个大学附近总有一家这样的餐厅：面积不用太大，几张桌子即可；装修不必太豪华，清新文艺最好；菜品不必多美味，价格便宜为佳。

这里通常记录着青春的快乐、悲伤、天真与热情。多年以后，当我们回到那个地方，都会缅怀那段如诗的岁月。

彩虹小镇便是这样一家餐厅，清新的天蓝是一种梦幻般的情怀，正如店主赋予它的三个字：致青春。

◆ **餐厅特色**

- ◆ 冰蓝色的地中海设计
- ◆ 闹中取静的地理位置
- ◆ 接地气的简餐和便宜的价格

青春无须矫情

大多数景区的店铺总是极尽可能地追求某种文艺的境界，但若非底蕴足够，往往千篇一律。在看腻了双廊过剩的文艺气息后，彩虹小镇如同炎炎烈日下的一杯冰激凌，清新得洗亮人的眼睛。

蓝白相间的条纹壁纸，白色假窗下那一束五彩斑斓的干花，可以看窗外人来人往的木桌，便利贴上写满游客的留言，如此便足够了。就是这么简单，less is more。

青春不必刻意

虽说我认同旅途中应该尽量尝试当地特色的美食，但有时时间长了，从舌头到肠胃都会有些抵触。这种时候看到彩虹小镇门口小黑板上写着的"飘香蛋炒饭"几个字，我

　1. 致青春主题明信片　　2. 小桌上的风情

仿佛悟到了美食境界的返璞归真。

　　生活也是这般，不管经历过怎样的繁华，但繁华总会落幕；不管眷恋着怎样的精彩，精彩亦会凋谢。最终，只有那些最简单、最平凡的事物才会陪伴我们一生。

　　有人在夜深人静的论坛上发帖："此刻哪部文学作品里描绘的美食最打动你？"其

1|2　　1.心情留言板上的故事　　2.砂锅米线和秘制酸梅汤

中一个回复获得了大部分人的赞同："古龙笔下律香川的蛋炒饭。"

是的，只是一碗最普通、最家常、最不起眼的蛋炒饭，由一个不普通的人做出来，一切都变得充满哲思。

青春不怕孤独

越来越多人爱上一个人旅行的感觉，自由自在，与自己独处，与自己对话。

唯一不便的，只是在餐厅里点菜，大多数时候都难免有所浪费。

于是期待着这样一家小店，美丽、明净、简洁，食物分量不大，足够便宜，适合一个人独自吃饭时顺便发发呆。

彩虹小镇就是这样一个地方，十多元的炒饭，八元钱的冰镇酸梅汤，在双廊，像不像一个充满青春色彩的梦？

📍 餐厅资讯

地　　址：大理市双廊大建旁村

电　　话：15036089188

人均消费：20元

特色推荐：秘制酸梅汤、飘香蛋炒饭、云南砂锅米线

点心园海景餐厅
——蓝色街灯下的幻境

如果讨论双廊最美的客栈，或许还会见仁见智，倘若是关于双廊最美餐厅的选择，所有人都会达成共识。

点心园海景餐厅的夜色比白天更美，黄昏日落后，沿着洱海边的石子路前行，经过海地生活浪漫的白桌，穿过阵阵潮水声的小道，在路的尽头，蓝色街灯下，灰色的石头与红色的砖墙构筑的屋子，美得如同一片幻境。

◆ 餐厅特色

◆ 无敌海景景观
◆ 地中海风格的室内设计
◆ 味道不错的川菜系

蓝白不只属于圣托里尼

地中海风格是伴随文艺复兴而绽放的自由奔放的艺术元素，它取材于大自然最明亮的色彩，象征着西班牙蔚蓝的海岸与白色的沙滩，象征着希腊碧海蓝天下的白色村庄，象征着意大利南部阳光下金黄色的向日葵……双廊许多地方都选择了地中海风情的设计，但唯有点心园，在细节中如此执着去还原它久远的文化细节。

石板的地面、灰白色的泥浆墙、沙漠岩石的红褐色屋顶、经典的蓝与白的交织、拱门与半拱门、半穿凿的景中窗……大面积的蓝与白，诠释的是人类对于蓝天白云、碧海银沙的渴望，对于明媚阳光的迷恋，对于慵懒写意时光的向往，是人类内心中深藏的古老文明的气息。

院子里一抹艳丽的桃红

点心园海景餐厅最美的风景在洱海边，白色的碎石地、白色的躺椅、白色的遮阳

地中海风格的室内设计

伞、白色的桌子，唯有那夜色灯光下的洱海蓝得仿佛一块宝石，在白色上反射出迷人的蓝色光泽。还有就是，白色窗沿下，那一棵美丽的桃红色的三角梅。

白色的世界、蓝色的光和那一点鲜艳欲滴的桃红，这颜色的画板，是大自然的魔力与人的智慧交相辉映的完美作品。眺望远处的洱海月色，抬头望满天繁星，仿佛不在人间，一切是梦境。

青柠檬的色彩

点心园海景餐厅主打的是川菜口味，也有一些当地风味菜，推荐小米辣炒的黄牛肉，鲜辣可口。

坐拥双廊最美丽的海岸线，价格自然比普通餐厅贵了少许，却也不算离谱，难得的是细心准备的青柠檬水，在干燥的时节添了一份最清新的冰凉。

也可以只点一罐啤酒，躺在洱海边的躺椅上，吹着来自远方下关的风，独享一望无际的碧海蓝天，听浪潮在脚边起伏轻唱。

恍若梦中的油画

餐厅资讯

地　　址：大理市双廊大建旁村（海地生活附近）

电　　话：0872-2506324

人均消费：60元

特色推荐：小炒黄牛肉、鸡枞菌汤

双廊古镇区域不大，一个下午可以来来回回走上几趟，有些店铺多看两眼便失去了兴趣，可是有栋小楼，却反反复复吸引了人们的目光。

三层的独立小楼，在两旁矮了一截的灰色砖墙中脱颖而出，欧式小阳台挂满绿色的植物，棕色的木牌上镶着独特的名字——贰楼。

◆ 餐厅特色

◆ 餐厅背后是青旅，自带青春文艺氛围
◆ 号称镇上最好吃的手工披萨
◆ 晚上有驻唱歌手的音乐现场秀
◆ 榴梿披萨、榴梿牛奶，喜欢榴梿的人都去吧

老板或许是迷恋沧桑的

贰楼也是一家青旅，在室内设计上运用了Zakka的风格。老旧的木头椅子上披着厚厚的毛皮，红色架子上堆砌着糖果盒子、车牌、兵马俑及各种叫不出名字的小玩意儿。

店里卖着小清新的芝士蛋糕，却又隆重推荐自酿的各类花果酒与啤酒，强调每晚八点半开始的民谣演奏。核心区域在二楼，有很长的木质沙发，铺着极厚的布艺坐垫，随意散乱着复古红的老木桌，沙发上的抱枕五彩斑斓，玩着视觉冲撞的游戏。

鲜红色的墙上挂着吉他和贝斯，靠着阳台的角落堆放着调音器和麦克风。

听说老板爱好电子音乐，这样的人多半喜欢沧桑。贰楼沧桑吗? 或许只是老板的希望。

挡也挡不住的阳光

无论老板原本计划将贰楼营造出怎样的氛围来，我对它的第一印象却永恒地停留在

贰楼
青年旅舍
Super Floor Youth Hostel

coffee

招聘

贰楼

格外吸引人的建筑风格

1 | 2　　1. 楼上设有长沙发，适合多人聚会　　2. 丰盛的早餐，大爱香蕉与巧克力酱的组合

阳光上。每个清晨初升的太阳总是将最灿烂的阳光慷慨地洒向这座欧式小楼，阳台上几盆植物肆意生长。

贰楼提供西式早餐，黄油烤面包、煎双蛋、加点巧克力酱的香蕉片、一杯玫瑰柚子茶。当一个人坐在贰楼的小阳台上懒洋洋地独享这份丰盛的早餐时，难道整个生命不都是阳光的？

我举起杯，同对面明媚的太阳说"早安"。

谁都想玩玩原创

我不能拍着胸膛夸贰楼的西餐有多么地道，这里的煎双蛋有些老，面包也不够香甜。可是我欣赏老板对于生活的原创精神。

据说老板喜欢榴梿，于是贰楼家的招牌披萨变成了榴梿口味，过生日时还可以让老板亲手帮你烤蛋糕。当然，别忘记老板还喜欢自己酿酒。遇到这样的生活家，挑剔的食客们也愿意会心一笑，不去在意些许的不完美。

热爱生活的老板，会给一家店带来说不出的生机，贰楼餐厅便是如此。

📍 餐厅资讯 ────────────────────

地　　址：大理市双廊古镇主街（完全小学向南步行200米）

电　　话：18008721284

人均消费：30元

特色推荐：榴梿披萨、莫吉托

喵不乖餐厅
——谁不乖？喵不乖！

如果整个大理的文艺氛围有时会压迫得你喘不过气来，你寻思着有没有不复古、不古典、不寂寥的店铺时，那就去喵不乖餐厅吧。

它很鲜艳、很亮眼、很时尚，以一种拒绝雷同的姿态傲立于双廊。你可能会经常在一线大城市的商场里看到这样玩小资、玩潮流的个性餐厅，可是它偏偏就在碧海蓝天的双廊，打破文艺笼罩大理的桎梏，于是，气质越发与众不同起来。

◆ 餐厅特色

- ◆ 鲜艳明亮的橙色打造出阳光的氛围
- ◆ 在咖啡馆式舒适的环境里能吃到地道的本地菜
- ◆ 冰桂花奶茶是双廊极好喝的奶茶
- ◆ 有独特的明信片和双廊手绘地图

橙色象征繁荣与骄傲

橙色是繁荣与骄傲的象征，是自然的颜色。它代表着力量、智慧、光辉和知识，喜欢橙色的人大多热爱大自然，爱好户外运动。

喵不乖餐厅在双廊一个偏僻的小坡上，它根本不担心自己混在附近灰蒙蒙的建筑中不起眼。无论多远，只要视线所及，没有人不被它的颜色所吸引——一大片橙色的阳光，绚烂得耀眼。

假如遇上双廊的雨季，在暗沉的天色里，喵不乖的橙色，便扮演了双廊和煦的阳光，让人感受到会心的暖意。

想文艺也没有问题

别人家的文艺总是离不开木头、岩石、民族风的布艺……喵不乖偏不，它用橙色刷

昏暗天色里最耀眼的色彩

了门窗的木框，摆放着现代布艺的沙发，落地窗前放一台雪白的琴，橙色长桌堆放几个五颜六色的玻璃瓶，世界地图花纹的花瓶里插满粉红色和紫色的干花。

我们很现代，我们不古典，可是……谁也挡不住我们在别人家的灰白色后面明艳地绽放年轻人独有的文艺——没听说先锋文化？

更何况，大名鼎鼎的喵不乖还有大名鼎鼎的"镇花"老板娘镇店，够不够美，去看了才知道。

不仅有气质更有美食

在双廊找不出比喵不乖更漂亮的餐厅，若是以为它光有卖相就要怪自己肤浅了。喵不乖的菜品种类丰富，从中式菜品到西式糕点，还有各种饮品，可以基本满足旅途中的各种口味需求。

喵不乖的酸辣木瓜鱼很新鲜，味道比大多数当地人开的餐厅还要好一些，分量、价钱都适中，一个人吃饭也十分方便。

值得推荐的是桂花奶茶，加冰块，有桂花的回甘，在双廊没有比这更好喝的奶茶了，所以即便不吃饭，去喝杯下午茶也是美妙的时光。

1
2 | 3

1. 鲜橙色的文艺风   2. 双廊最好喝的桂花奶茶   3. 一人份的酸辣木瓜鱼值得推荐

📍 餐厅资讯

地　　址：大理市双廊大建旁村红双喜饭店路口左转20米

电　　话：13262332668

人均消费：35元

特色推荐：招牌柠檬鸡、酸辣木瓜鱼、冰桂花奶茶

器·生活馆

——隐于市的文艺姿态

器·生活馆的位置很偏，隐藏在双廊一大片的工地里看不到门面，就算想用文字描述也很难说得清楚。

可是，只要你偶然路过那面开着小窗户的白色矮墙，你就一定会驻足欣赏——黑板漆上刷出来的鲜红色荷花，在一片碧绿的荷叶簇拥下如此的夺人眼球。

一股濯清涟而不妖的文艺气质藏不住地扑面而来。

◆ 餐厅特色

◆ 十分私密的古典气质小院子
◆ 混搭世界各种口味美食
◆ 满院子的小狗和懒猫

错过我是你的遗憾

器·生活馆有股不怎么合群的调性，闲散恬淡，似乎对赚钱与否不是很在意。

一座低矮的民房，黑瓦白砖墙，屋檐下吊着一块不大的木牌，上面扭扭曲曲写着"器·生活艺术"，让人看得不明所以，一头雾水。直到看见墙下小黑板上写着的菜单才恍然大悟，哦，这是家餐厅。

旁边黑板上画的红色荷花很耀眼，却没有指示牌提醒餐厅的门在哪里，摸索着往巷子下方走，才看到餐厅的正门。

老板的姿态分明是，只欢迎有缘人，你来或者不来，我只是隐藏在这里。

双廊有姿态的餐厅不算多，错过器·生活馆，也算是种遗憾。

你不需要我的服务

老板是香港人，几个服务员看样子也不过是朋友帮忙，如果习惯得了香港老街坊的

简约风格的情调

素雅的餐厅环境

那种茶餐厅，就会喜欢这种没人搭理你的清净感。

有时候只是大家生活理念不大一样，有些人喜欢进一家店被热情招呼，有些人希望像透明人一般不被人看见。器·生活馆的服务理念分明沿用了香港大多店铺的习惯——有需要叫我，没事我离你远些，你自便。

价格上也得端出姿态

器·生活馆的食物不便宜，当然也算不上离谱。菜单上搜罗了世界各地不同风味的简餐，大概是老板把自己的爱好列出来分享。

院子里刷的是简陋的石灰墙，但沙发座椅及软装都颇为用心，书架上堆满了书，据说还可以看电影。几只小狗在院子里跑来跑去，一只懒猫无精打采地在笼子里晒太阳。

墨鱼拉面和千层面都能在这里点到，算是给双廊千篇一律的本地菜做了贴心的补充，那还有什么可挑剔的呢。

📍 餐厅资讯

地　　址： 大理市双廊大建旁村

电　　话： 13108727101

人均消费： 50元

特色推荐： 墨鱼拉面、海鲜焗饭、咖喱饭

沙溪

穿越时空的旅行

　　有人说，沙溪是一个安静得一塌糊涂的地方。是的，那就是沙溪，没有过多的商业气息，没有喧闹的游人，有的只是古色古香的巷弄民居、视野广阔的田园风光、古朴安详的当地人文，仿若回到20世纪的大理古城。

　　寺登街很小，一个古戏台、一座古寺庙、一段青石板路、一条黑惠江，便汇聚成了世外桃源般的沙溪古镇，让人流连忘返。一旦来过，便不舍得离去。

　　女孩细细不舍得离去，于是有了古典精致的五月念客栈；阿昀和小马不舍得离去，素朴原创店才会有着一份甜蜜的文艺气息；叶子不舍得离去，咖啡馆里也能喝到外婆家的酸梅汤；意大利来的年轻人和中国台湾省的老夫妇都留下了，沙溪的旅人们终于可以在群山环绕、遗世独立的古镇里吃到米其林级别的素食西餐和垦丁风情的民宿料理。这些五湖四海聚拢来的人们，拉开了沙溪打造人文底蕴的序幕。

五月念人文客栈

——花开荼蘼

荼蘼是春季最后盛放的花，当它开放的时候就意味着春天的结束。佛典中说荼蘼是天上的花朵，是一种天降的吉兆，意味着超脱的忘情与分离。平常人难以体会那份远离红尘世事的无为与出离，但五月念的老板娘细细自有她与众不同的情怀，正如春末的荼蘼花，笑看诸芳尽。

即便在古色古香的沙溪古镇里，五月念也是一处特别的存在。如果想体会一场如同穿越时空般的古典旅行，感受一种幻梦般的奇妙情结，那唯一的选择，或许便是五月念。

◆ 客栈特色

◆ 每个细节都渗透着古意
◆ 从各地淘来的老式木质家具
◆ 高大的石榴树和茂盛的多肉植物
◆ 免费的花茶和德芙巧克力

谢却荼蘼，一片月明如水

第一眼看到细细便心生欢喜，真是个气质纯净的古典美人。细细的五官并不艳丽，却有着别样的淡雅出尘，娇小的身躯里散发着东方人特有的清丽。

细细平时总穿宽大舒服的中式服装，像是从老照片里走出的民国少女。她说话声音温柔得几若不闻，她也跟我说自己先天较弱。

若是这样便以为细细只是个肩不能挑、手不能提的弱质女子那就大错特错了，实际上，来到沙溪开客栈之前，她就已经是个独自旅行的背包客了。

五月念的书柜里有满满一柜子文艺书籍，其中《三毛全集》最引人注目，那是细细的最爱。细细喜欢三毛的文字，向往着她笔下洒脱、自在的生活。

来到沙溪是个偶然，背包客细细再也舍不得离去。"这里太安静了，空气又好，家

门前美丽的小路

里人都支持我住在这里，说是这样对我的身体好。"细细温柔地说。

开客栈不是一件容易的事，但细细依旧一个人挑起了客栈里几乎所有的事务。到远方淘老家具、照顾院子里的花草、制作走廊里的手工灯罩、帮客人做早点，细细做得很开心，她甚至开始学习木雕，二楼平台上堆满了她最新的作品，打算完工后放到房间里使用。

夜色中的院子里常常一片月明如水，月光中的细细宛如白色荼蘼，并不在意生命中时光流逝，有一种恬静的安然。

归来留取，同饮荼蘼酒

五月念有许多熟客，他们每次回到沙溪总是会选择细细的客栈，原因在于五月念里隐藏着的那些让人心暖的细节。

房间门用的是20世纪八九十年代的门锁，钥匙串在手工制作的棉布玩偶里，充满了怀旧的童趣。有些大床房准备的是古式的老木床，挂着雪白的蚊帐，铺着大红色缎面的被子。床头柜也是鲜红色的，样子陈旧，估计至少也有几十年的历史。这些都是细细淘来的，放在精心设计过的房间里并不显破败，反而有一种与众不同的文艺情调。

1│2│3　　1. 古典的雅致与清幽　　2. 房间的每个角落都是一处景致　　3. 藏不住的古典风情

房间里最开阔的空间让位给了一张藤制的摇椅，细细贴心地在摇椅下铺垫了一块棉麻地毯。细细还怕坐在摇椅上久了腿凉，特地准备了桃红色的薄毯，如此点滴的用心，让每位入住的客人都能感受到家的暖意。

而细细的体贴还不单单如此，五月念的洗浴设备出色，热水充足，沐浴露、洗发水和护发素使用的都是优质品牌。值得一说的是，细细甚至为客人们提供了多芬的身体乳液，这在大理众多客栈里是极为罕见的，五月念服务上的细致可见一斑。

除此之外，细细时常会在房间里放上两块德芙巧克力。随着季节的变换为客人准备不同的花茶，或是茉莉，或是玫瑰。这样的主人自然会打动每一位来过的客人，因此会有客人特意从远方寄来礼物送给细细，这或许便是对一家客栈最高的褒奖。

五月念的院子里有一棵高大的石榴树，细细总是与熟悉的客人相约，每年十月左右不妨来五月念小聚，吃一个自己亲手摘下的石榴。

微风过处有清香，知是茶蘼隔短墙

许多客人对五月念的印象是，不管走到哪里，总有一股清香。这股在空气里隐隐浮动的暗香来自细细在多处精心布置的小心思。

客厅木桌上的陶制花瓶里总是插满当日新鲜采摘的花朵，旁边还放着一小篮幽香的干花瓣。小小的院子里有着各式各样被细细精心照料的植物，在阳光下茂盛地生长。每个房间的枕头下都藏着细细亲手缝制的香包，而床头柜上则摆放着古典的沉香炉，旁边的花瓶里插着满天星与薰衣草混搭的干花作为装饰。大木柜上的玻璃瓶里装着的免费花茶也有一股清新的香味，卫生间里放浴巾的竹篮里也有香包，连放身体乳液和吹风机的

竹编篮子里都铺垫了一层带着香味的花瓣。

这些都是客栈保持幽香的秘密，每一处都毫无保留地展现了细细对于生活至诚的热爱。对于从小便与病痛相伴的细细来说，她更能敏感地捕捉到生命里那些值得珍惜的微妙之处，更能感受到家人对自己无私的爱，而她也愿意将这份爱倾注到自己的客栈里，分享给每一位客人。

每天清晨，细细会早早下厨，用一顿丰盛的早餐送别每一位即将离开五月念人文客栈的客人。无论以后见或是不见，在五月念里相遇的日子都是彼此生命中的福音，这便是细细的信仰。

📍 客栈资讯 ————————————————————

地　　址：大理市剑川县沙溪古镇寺登街北古宗巷
电　　话：13648721493
预订方式：网络/电话
房间价格：全部房间都是200多元

沙溪茶马驿栈
——古道上的灵魂

滇藏茶马古道是古代中国与南亚地区一条重要贸易通道，有专家推测，沙溪是茶马古道上唯一幸存的宁静古镇。

时光荏苒几百年，那段充满神秘色彩的贸易文明已成为历史，留下的，是人们对于那段辉煌的向往与追忆。如今只有寺登街还保留着昔日的影子，茶马驿栈静静地矗立在寺登街的核心位置，仿佛是这古道上的灵魂，记载着一段古朴的传奇。

◆ 客栈特色

◆ 中式古典风情
◆ 庭院风景美不胜收

院子里的石榴树

茶马驿栈的庭院很小，像一张民族风的五彩织锦，花团锦簇，美得让人惊艳。我去那里的时候石榴花已经谢了，石榴树上结满了红彤彤的果子。

二楼碧绿色的藤蔓旖旎地垂落下来，布满整个院子，像是用绿色的水彩随意涂抹出的底色。在这片绿色上，白色的吊兰、粉色的茶花，还有叫不出名字的黄色、橘红色花儿点缀出斑斓的华丽。当然，还少不了池水中鲜红的锦鲤。

傍晚时分，坐在石榴树下，喝着老板娘亲手泡的普洱，感受院子里的鸟鸣、流水、花香，无比惬意。

看星星的天窗

茶马驿栈在客栈的风格设计上尽力地保存了当地老院子的古典素雅，又融合进现代艺术元素，在许多细节上体现得淋漓尽致。

公共空间的桌椅都是带着沧桑岁月痕迹的根雕作品，透露出原始与质朴的自然风

坐在院子里抬头看到的天空

格。客栈房间不大，用古式的顶门杠代替现代门锁，屋内以青瓦作画，一派古色古香的情调。

二楼的一些房间开有天窗，在夏夜里可以躺在床上，听着院子里的虫鸣，仰望满天繁星。

门口的茶马古道

茶马驿栈门前有一条漂亮的石子路，外墙是棕色的，门窗都是老院子里多年的珍藏。屋檐下挂着一排红灯笼，照耀着木格窗棂外的绿色植物，古意盎然。

整条巷子苍老陈旧，但又极洁净，偶尔有

院子里开满了明艳的吊兰

简约清雅的房间设计

背着竹篓的白族老妈妈缓缓路过，平静而慈祥。老板会热情地向客人推荐值得游览的马帮之路，据说有好吃的马帮饭。客栈里有着浓郁的茶马古道文化，店主认为这是沙溪文化的灵魂，如同他喜欢的一句诗，"从今不唱公无渡，到此方知水有源"。

📍 客栈资讯 ———————————————

地　　址：大理市剑川县沙溪古镇寺登街37号（四方街南20米）

电　　话：0872-4721496

预订方式：网络/电话

房间价格：100~300元

剑川游子闲庭客栈

——暖男的天空

有一类年轻人，在人们的印象中他们留恋夜场，开着豪车，过着今朝有酒今朝醉的生活。而在大理，有这样一群年轻人，他们选择了另外一种人生，舍弃繁华，将青春岁月与青山绿水共为邻。

游子闲庭的两位年轻主人正是如此，创业的目标不在赚钱，在乎山水之间也。

◆ 客栈特色

◆ 中式古典庭院
◆ 提供床位

一米阳光的温暖

第一次到沙溪，逛了一圈没能确定北龙路的位置，打电话给游子闲庭的主人之一阿君，他叮嘱我站在原地等，他立即就来。

很快便看到一个瘦瘦高高的男孩子从街的那头走来，阿君是深圳人，大学刚毕业，身上还带着青涩的学生气，笑起来温暖而腼腆。

游子闲庭客栈是一栋两层的小楼，20个房间，庭院设计很开阔。天气好时高原的阳光会洒满整栋小楼，花草鸟鱼都披着一层金色的光泽，温暖的气息正如同它主人的气质一般。

闲庭草色侵阶绿

游子闲庭的庭院设计以中国古典元素为主，庭院不算太大，但是很美。屋檐下的木桌藤椅、沿着走廊垂下来的藤蔓、鹅卵石旁的井、鱼池里的锦鲤，在年轻主人的照料下显得生机勃勃，让人闲坐半日也不会无趣。

等待晚归的客人

两只小狗在长着青草的台阶上嬉闹，一只叫肚肚，另一只叫金妹。"你看得出来它们是母女吗？"阿君笑问，眼神里满是可爱的孩子气。

为谁辛苦为谁甜

游子闲庭是2015年开业的客栈，房间设施很新，热水够大，被子柔软，住宿的感受舒适。最特别的是设计成榻榻米的茶几，铺着彩色的桌布，上面放着茶具，座位是两个蒲团，简洁而清新。

客栈打理得整洁干净，很难想象这是属于两个大学刚毕业的男孩子的客栈。"我们不是为了赚钱，光是租地和修建客栈就花了几百万，若为了生意，用这笔钱在深圳发展多好。"阿君轻轻说道，"我们喜欢沙溪的清净，有时我一个人在客栈里闲待一天都不

房间的布局很有特色

会闷。开这家客栈让我学会了很多以前在家里都不会主动去做的事务，现在水电维修的小活儿都难不倒我们。"对于阿君来说，这样的收获不能用金钱来衡量。

📍 客栈资讯

地　　址：大理市剑川县沙溪古镇寺登街北龙路119号

电　　话：0872-4722888

预订方式：网络/电话

房间价格：50～300元

叶子的店咖啡馆
——落叶他乡树

叶子的店早在2010年便在沙溪开业，算得上古镇里的老店之一。叶子的店铺包括客栈和咖啡馆，两个部分相辅相成，都有其鲜明的特色。只是随着沙溪商业化的发展，优质的客栈越来越多，叶子的客栈渐渐不再是其中的顶尖存在。然而这家咖啡馆，如今依旧是古镇上最好的，毋庸置疑。倘若在沙溪停留的时间只允许走进一家咖啡馆，那不必犹豫，请到叶子的店。

◆ 饮品店特色

◆ 一楼有民族特色的手工杂货
◆ 藏书比沙溪其他咖啡馆丰富
◆ 餐点饮品的制作很精细
◆ 外婆家的酸梅汤值得一试

一家倔强的店

叶子的店在古镇上是一家有着特别鲜明性格的咖啡馆，女主人叶子一直坚持做着自己信仰中的事情，不大在乎他人的眼光。

叶子是一名瑜伽老师，她开的客栈是以瑜伽为主题的，凡是住店的客人都可以预约瑜伽课程。"我最希望的是接到整个瑜伽团队的预订。"叶子有些遗憾，"不过开店多年，还没有遇到这样的队伍。"好在听说最近叶子已经接到了第一个瑜伽团队预约的订单，在多年的坚持后梦想露出了曙光。

叶子也喜好国学，她会利用空余的时间免费为镇上的孩子们上国学课，也会从住店客人的每间房费里拨出十元作为孩子们的国学教育基金。

积善之家，必有余庆。在这样点点滴滴的善行中，叶子的店慢慢在古镇上扎牢

叶子的店在沙溪颇有人气

了根，成为许多游客来沙溪的首选，甚至有游客说："叶子的店几乎成了我去沙溪的理由。"

叶子与丈夫要同时照看客栈与咖啡馆两边，但凡能亲力亲为的他们都会尽力做到服务周到，但看不到的地方，他们有些无可奈何。

喜爱佛学的叶子对此倒也随缘，"你不可能要求所有人都喜欢你，我只问心无愧。"

叶子在介绍自己的店时这样写道："这是一家倔强的店，为懂得的你，默然绽放。如果你喜欢，暖暖相识一笑。如果你不，谢谢！原本就是陌路。"

"原本就是陌路。"这样一句颇有禅意的话由叶子说出来，有着格外洒脱随性的风采。

自候风烛煮小巢

冷落无人佐客庖，
庚郎三九困讥嘲。
此行忽似蟆津路，
自候风烛煮小巢。

熟客可以坐下来让老板娘请喝茶

阁楼上适合与三五知已相聚

这是陆游一首歌咏素食的诗，长斋蔬食的诗人在客居旅途中由于不好肉食而被排挤，无人相伴。幸而陆游并不在意别人的嘲讽，自在地在野外生火煮起了野菜，这份文人的雅致情怀在叶子身上也有同样的体现。

阁楼一角

叶子食素，咖啡馆里几乎都是素食。他家的招牌之一是野山菌炒饭，装盘十分精致，藤草编织的隔热垫、裹筷子的棉布包都有着文艺的情调。随炒饭配送的汤用漂亮的青花瓷碗装着，还备了一碟小菜。

或许是口味问题，我并不欣赏野山菌炒饭的滋味，说不上鲜美，味道有些单调。但必须赞叹的是，叶子的店咖啡馆在细节上做得很用心，即便不满意炒饭本身的口感也不会感到不愉快。从食物端上来的那一刻，漂亮的外表会令客人欣喜，单单那份精致的用心便对得起它的价格，无论如何整体上都会满意。

若是要论美味，最值得推荐的是甜点和酸梅汤。平心而论，沙溪古镇上的咖啡馆在专业程度上是远远不及大理古城的，食物饮品的价格比古城稍微贵些，味道却差了不止一个档次。这或许因为大理古城里藏龙卧虎的美食高手实在太多，竞争激烈，客人们对咖啡馆的要求较高。而沙溪太小，来的游客都只图个清静，倒也不是太挑剔咖啡馆食物的出品。

在整个沙溪古镇，让我认为值得推荐的一款饮品便是这家的另外一款招牌——外婆家的酸梅汤。酸梅汤在制作工艺上与我们通常喝到的酸梅汤完全不同，并非用酸梅粉调制，而是用梅子肉压榨而成。海螺形状的玻璃杯满满都是梅子的果肉，酸甜中带一点咸味，上面放了一小片薄荷叶，在干燥的高原上显得格外清新爽口。

店里的甜点也是古镇上最出色的，每份甜点还配送一碗特别配方熬制的红茶，能让人体会到店家的温暖用心。

树才是叶子的家

叶子给自己的咖啡馆取名"叶子的店"，给客栈取名"叶子的家"，常常把不熟悉的客人搞糊涂，究竟是店还是家？

叶子是广东人，偶然来到沙溪后便再也不舍得离开，放下过往种种，在古镇落地生根，仿佛成了当地人。六年的光阴流逝，叶子越发迷恋这高原上的晴空万里，而岭南那头的家却在记忆中渐渐模糊起来。

<table>
<tr><td>1</td><td>2</td></tr>
<tr><td>3</td><td>4</td></tr>
</table>

1. 香蕉酸奶昔上撒着桂花花瓣　2. 薄荷叶和梅子肉
3. 芝士蛋糕搭配了秘制红茶　4. 野山菌炒饭是这家的招牌

　　叶子对现在的生活十分满意，她这样写道："在这里，玩宁静。毗邻兴教寺，遗憾没有空灵的诵经声，五间客房明显装不下尘世的苦恼。清晨廊下的风铃响或不响，阳光都会铺满房间。就着阳光细细读一本书或漫无目的地写写字，如我此时。抑或发呆也可，黄昏，不远处的大树天天在上演倦鸟归巢。推窗，有春天拂过……"

　　叶子的店亦是叶子的家，走进叶子的店就仿佛是到叶子的家做客。叶子是个外柔内刚的女主人，大部分时候她都会温柔以待。唯有一次，有客人生气地质问她咖啡馆里为什么不卖酒，倔强的叶子一字一顿地答复对方，"我的家里无人饮酒"。

　　叶子的店就在四方街那棵老槐树旁，时光荏苒中，这棵历经百年岁月的老树仿佛早已成为人在异乡的叶子最安稳的家。

📍 饮品店资讯

地　　址：大理市剑川县沙溪古镇四方街（兴教寺旁）

电　　话：0872-4722282　13368728417

人均消费：30元

特色推荐：外婆家的酸梅汤、提拉米苏、芝士蛋糕

老槐树咖啡馆

——咖啡香里的生死契阔

有人说，没到老槐树喝一杯咖啡就不算到过沙溪。这未必是真理，却是一份情怀。

老槐树是沙溪古镇上第一家咖啡馆，店主是一对深圳过来的退休老夫妇，两人决定在沙溪度过生命里最惬意的时光，在山清水秀间的咖啡香里终老。

"遇一人白首，择一城终老"，这或许便是人生最美丽的童话，最无悔的终点。

◆ 饮品店特色

◆ 香甜的自制苹果酱
◆ 漂亮的小院子
◆ 纯手工酸奶和冰激凌

老张的故事

都说开拓新领域的总是年轻人，可是老槐树咖啡的店主老张却充当了一次沙溪小资情调的开荒者，以外来者的身份开了古镇上第一家咖啡馆。

老张还记得，刚来时的四方街有很多小孩玩耍，滚铁环、跳格子、踢毽子，"都是我们小时候玩的游戏"。可是这番景象现在很少能见到了。

老槐树咖啡的名字自然是取自兴教寺门口那棵高大的老槐树，每当槐花开的季节，坐在咖啡馆里就能闻到清风里浮动的暗香，那是老张喜欢的时节。

永不老去的心

老张夫妇是退休以后从深圳来沙溪的，"还有什么地方比沙溪更适合养老呢？"老张笑道。夫妇二人都喜欢沙溪的静谧与安宁，每个月他们也会开车到周边逛逛，他们说，生活就应该是这样的。

带着岁月斑驳的展示柜

清幽雅致的后院

1 | 2　　1. 清甜的鲜榨橙汁　　2. 提供简单的早餐套餐

或许是因为老板娘英文很好，外国客人都喜欢到老槐树里坐坐，聊聊天。有位客人在木牌上留言："Let us knock your socks off！"

若是天气好时，老板娘会义务在院子里教孩子们英文。在老槐树的院子里闲坐是件特别享受的事，阳光洒在木头桌椅上，芭蕉叶、竹子、石榴树都长得很茂盛，不时有小猫跑来，与人撒娇嬉戏。

生活的习惯

或许由于是沙溪第一家咖啡馆的缘故，一不小心老张夫妇已成为沙溪文化传奇的一部分，许多游人慕名前来。

对于长居沙溪的外地人来说，老槐树咖啡馆像是自己家的厨房，早上起来的第一件事就是在老槐树找老张冲一杯咖啡，然后坐在门口聊上几句，只是生活的习惯罢了。

老张夫妇自己倒没想太多，他们喜欢的，只是坐在咖啡馆的门口，静看对面老槐树下世事变幻，有人刚来，有人离开。不变的，是二人始终携手相伴，不离不弃。

📍 饮品店资讯

地　　址： 大理市剑川县沙溪古镇四方街古戏台旁
人均消费： 30元
特色推荐： 自制酸奶、冰摩卡、芒果布丁

溪语咖啡馆

——细语人不闻

有位作家说：『好的咖啡馆就像你的邻居一样，迈出家门就能坐下来喝杯好咖啡，店主恰到好处的热情，能像熟识的邻居一样聊聊家常，也能容下你一个人的安静。这样的亲密感不会太用力，而是细水长流地温暖你。』

溪语咖啡馆就是这样一位静静矗立在四方街上的好邻居，在沙溪明媚的阳光下等候着你。

◆ 饮品店特色

◆ 提供全日早餐
◆ 提供特别的自制汉堡
◆ 二楼空间宽敞

二楼的风景

溪语咖啡馆的门口挂着一块小黑板，分别用中英文列着简单的菜单，黑板下方还有一行字，“二楼有不一样的风景”，我猜想正是这句话吸引我走进了溪语。

或许每个人心里都有一道不一样的风景，大部分来沙溪旅行的人们正是希望在这座风景独好的小镇里找到自己向往的美好世界。

二楼很安静，老照片、文艺书、蓝印花布营造出清新自然的氛围。中间的位置是两排长沙发围着的矮茶几，沙发是老式的木质长款，铺上厚厚一层柔软的白色坐垫，可以坐下不少人，适合一群朋友喝茶聊天。

茵纳斯弗利岛

溪语咖啡的女主人张熙温婉可人，坐在吧台的位置看她冲泡咖啡是种享受。沙溪咖啡2009年开始营业，距今已有多年光阴，张熙说：“我喜欢这里的氛围，让人感到舒

像是回到童年的老家

咖啡馆里有许多淘来的老家具

服，可以自由自在地做自己喜欢的事。"

书柜里摆放着几排文艺书籍，其中有好几本叶芝的诗集，印象最深的是《茵纳斯弗利岛》。诗人写道："我就要动身走了，去茵纳斯弗利岛，搭起一个小屋子，筑起泥巴房；支起九行芸豆架，一排蜜蜂巢，独自住着，荫阴下听蜂群歌唱……"

或许溪语咖啡对于张熙来说，就是她的茵纳斯弗利岛。

看得见风景的房间

溪语咖啡馆里有好几处靠窗的座位，视野极好，从窗口望出去可以看到四方街的红砂岩、茂盛的老槐树以及每日聚集而来的流浪画家们。这场景总是让人联想起英国作家福斯特笔下看得见风景的房间，他描绘的属于普通人的意大利风土人情。

作家向往的那种不被生活习俗和传统观念束缚，追求属于每个人自己的自由和快乐的生活，不正是溪语的女主人所坚持的梦想吗？

📍 饮品店资讯

地　　址：大理市剑川县沙溪古镇四方街

人均消费：30元

特色推荐：冻芝士蛋糕、牛肉汉堡、自制酸奶

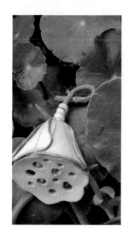

素朴原创手工店
——你的素心

素心通常说的是一种兰花珍品，花茎、花萼、花瓣为同一颜色，无杂色。素心又常比作本心，指心思纯净、无杂念。陶渊明诗中说：「闻多素心人，乐与数晨夕。」

在沙溪四方街上的这家素朴原创手工店，外面看上去朴素无华，走进去才发现，小小一间店铺里充满了纯正原始的艺术家情怀。店主是一对年轻夫妇，在古镇似水流年的平淡生活里挖掘着古老的设计元素，将之融入手工作品里，成为沙溪独一无二的文化商品。

◆ 店铺特色

◆ 原创手工产品丰富
◆ 原创沙溪文化T恤
◆ 原创明信片代寄

古戏台的邻居

如果说四方街是沙溪古镇的灵魂，那古戏台则是这条古老街道的灵魂。沙溪的古戏台始建于清代，为三层楼魁星阁带戏台结构，前台后阁，结构独特，飞檐叠角，在高原特有的蓝天白云下，空旷的古戏台流露出几分历史的沧桑与寂寥。

好在古戏台对面便是香火鼎盛的兴教寺，当地老人说，"这戏台上的戏是唱给兴教寺的神仙听的"。原来如此，只是我们凡人看不到这场延续了几百年也不曾停息的戏剧，但可以从沙溪古镇得天独厚的人文底蕴中感受到，被庇佑的连绵不断的文化福荫。

素朴就开在古戏台旁边的老房子里。四方街上的老房子都是两层木质的结构，前商铺后马店的传统记录着沙溪茶马古道的文化痕迹。底层临街的商铺，大部分都有前伸的长条形木柜台，曾是古时买卖双方进行交易时摆放货物和银子的地方。素朴也有这样一个柜台，如今装饰成窗台的模样，下方的地面上种满了菊花，黄的、紫的、白的花朵竞

漂亮的窗台

相开放。木台上则摆满了多肉植物，还有一篮手工缝制的民族风钱包，竹篮里装的沙溪手绘地图是店主亲手设计的。

素朴的店主叫阿昀，他说是当时见沙溪还没有自己的手绘地图而匆匆忙忙赶出来的。"还有一些不完善的地方，最近我正打算重新再设计一份。"

阿昀是湖南人，视觉传达设计出身，与妻子小马两人是最早一批长住沙溪的新移民。"你们这么年轻，在沙溪这个偏僻的地方能住得惯吗？"我好奇地问。阿昀笑了："这不已经住了好几年了。"

沙溪文化拾荒者

熟悉阿昀的朋友都喜欢称呼他"猴子"，阿昀自己并不大喜欢这个外号，却又对此无可奈何。阿昀笑道："这个外号的来历是因为我的一款成名设计作品。"阿昀说的是一个关于孙悟空的图案。

关于这个图案的来历，要从沙溪最有名的文化景点欧阳大院说起。欧阳家是寺登街的望族，祖上从江西庐陵迁来，祖先欧阳子群原是明代官宦，后来到了剑川，他的三个儿子也都在剑川安家落户。其中，在沙溪安家的这一支居住在寺登街，到了清光绪年

琳琅满目的手件作品

手工茶盏

文艺百搭项链

具有浓郁民族风情的饰品

　　1. 从贵州深山里淘来的民族手工艺品　　2. 小马亲手挑选的扎染　　3. 漂亮的扎染手作

间，欧阳旭东考取了贡生，欧阳家重现了往日官宦世家的风光。后来，家族中又有一人成为寺登街上最富有的马锅头，出钱建起了一处白族典型的三坊一照壁的院子，这就是现在寺登街典型的白族民居之一——欧阳大院。

欧阳家马厩的门上有一幅画，画的是两只猴子在树林里嬉戏玩耍。原因是沙溪的老百姓认为美猴王孙悟空曾经被玉皇大帝封过弼马温，由它来保护马匹再合适不过。后来美猴王在沙溪管理动物的权限不再仅限于马匹，大部分百姓家的圈房都贴着一张画有手持金箍棒的孙悟空的甲马纸，上写六畜兴旺。在沙溪民俗里，美猴王是老百姓心中家畜的守护神。

阿昀将这一沙溪文化元素提炼出来，设计成独一无二的美猴王图案，用在原创T恤和贴纸上，制作成真正意义上属于沙溪的文化商品。

此外，阿昀还设计了以兴教寺大门外的两位金刚为原型的创意图案。在沙溪古建筑上挖掘到的各种文化元素都是阿昀宝贵的设计灵感，"我要做纯正的沙溪文化创意店"。

有人这样定义文化拾荒者，"从繁杂的现代生活中抽身出来，用脚走，用眼看，用手记，用心去发现，对历史文化脉络、遗存来一次探索和发现的人"，毫无疑问，阿昀就是一位名副其实的沙溪文化拾荒者，用他充满创造力的设计图案将古老的沙溪文化传播给每一个到访沙溪的异乡人。

黑惠江旁的神仙眷侣

素朴并不宽敞，但这样一家小小的店铺里陈列出来的琳琅满目的杂货，丰富得出人意料。从地上到墙壁、天花板、柜子上下里外，都堆放了各种有趣的原创手作，每一件

都是精挑细选，绝无滥竽充数。

阿昀说素朴卖的东西九成都是他自己设计的原创作品，另外有一成，是小马到各地山区里去收的老东西，其中许多都已是孤品，值得收藏。

虽然负责设计工作的是阿昀，但是他说核心理念是小马的。阿昀的性格活泼开朗，能言善道，而小马的性格恰恰相反，沉默安静，只是悄悄把店铺打理好，悠然地陪伴着阿昀在沙溪过着恬淡的日子。

著名作家亦舒有一本小说叫作《你的素心》，讲述的是一则意涵深远的故事，主人公曾经执着于不切实际的幻想而忽略了陪伴在他身边的人，直到有一天走遍千山万水，终于看见了一直伴在自己身边的那颗素心。

素朴在沙溪古镇里是一家有着自己独特文化气韵的小店，而构成这家小店灵魂的有两个元素——阿昀的才华和小马的素心。

某个黄昏时分，在沙溪古镇风景如画的黑惠江旁，我偶遇晚饭后出来散步的阿昀夫妇。落日的余晖洒在二人的肩头，他们脚步轻缓，牵着手慢慢地沿着江水踱步，平静的笑容流露出对闲适岁月的心满意足。那一刻，能感受到他们传递出来的幸福感，正如同素朴的精神内涵一样，"她有一片素心，待人珍而重之，留取心间"。

📍 店铺资讯

地　　址：大理市剑川县沙溪古镇四方街古戏台旁
特色推荐：沙溪文化元素原创T恤、尼西黑陶、原创明信片

大嘴佛素食西餐厅
——自由的毛豆

2015年夏天，大嘴佛素食西餐厅入围了国际素食烹饪节，这对于沙溪古镇的外来餐饮圈来说，可算是一个里程碑式的事件。国际素食烹饪节的主办者里蒙是世界上首家素食米其林餐厅的主勺者，1996年就获得米其林一星殊荣。

这次的入围，说明主办者从环境、可持续性食材、味道、创造力、美学、天然以及色彩等多个方面认可了大嘴佛素食西餐厅的专业程度。同时，也为以复古传统为主题的沙溪旅行文化正式打开了一扇通往国际化的窗口。

◆ 餐厅特色

- ◆ 新鲜健康的有机食材
- ◆ 多种进口有机红酒
- ◆ 开放式厨房

梦想在别处

"没有爱情，生活则不可想象。"这句意大利名言揭示了人们印象中典型的意大利人性格，开朗、快乐、热情，热衷于美酒、美食与恋爱，自由自在地欢度着人生。

然而熟悉意大利文化的人都知道，其实意大利南北部地区各有特色，人们心目中豪爽、洒脱的意大利人其实是意大利南方人，相对而言，北部的意大利人则更加节制、勤勉。而著名的意大利城市米兰则是一个南北部文化交融的重要中心，米兰人可以说是南北部文明的"混血儿"。

Mauro Anzideo，又叫Maurino，这位80后的意大利人正是出生在米兰，性格中有着严肃认真的工作态度，也有着天生自由不羁的快乐因子。Maurino对读书的兴趣不大，18岁便到餐厅做服务员，从此对于餐饮业的热爱一发不可收拾。作为一名水瓶座的意大利人，Maurino对自由的热爱是发自灵魂深处的，于是一有机会他就到处漂泊，希

古典的建筑里藏着的西餐厅

望在各地的餐饮领域学到宝贵的经验。23岁那年，他正式成为一名职业厨师。从诸多出色的厨师身上，他学到了专业的技巧与虔诚的热忱，立志成为一名高品质的美食创作者。

2009年，Maurino来到了上海，在这里他找到了自己热衷的美食领域——素食，深深体悟到了素食的重要性并断然放弃原来的餐厅模式，专注于服务高级私人素食宴会，远离肉类的油腻。

直到2013年，Maurino终于在沙溪古镇上拥有了属于自己的一家素食餐厅——大嘴佛。在中国的这些年间，Maurino不但找到了职业梦想，收获了爱情，还拥有了一个中文名字——毛豆。

毛豆在沙溪

为什么会把自己的餐厅选址在沙溪，毛豆认为这理所当然。曾经因为工作奔波在香港与云南两地的毛豆，早就熟悉了沙溪，并且爱上了这座大山深处的高原古镇。

毛豆这样评价他心中的沙溪，"这会儿的沙溪古戏台前正是老槐树花开的时节，风起，细小的花朵随风而下，像梦境里一场飘雪飞花。巨大的老槐树足以导演这片场

你无法买到幸福，但可以买到正宗披萨

地，选个时间，就跟你自己，静看落花如何随风起舞吧，一不小心，就会落进你的心里……"当然，以毛豆的中文水平能用如此文学的语言来描绘沙溪的美景，这多亏了他的中国妻子安心。

大嘴佛是属于毛豆和安心两个人的，安心评价毛豆时说："他是个滑稽幽默，热爱生活，追求生活品质的男人。"在喜欢的地方留下来做自己喜欢的事，这或许是世界上最完美的童话，毛豆和安心非常快乐地生活在他们的美食世界里，并将这份快乐尽力分享给每一位来沙溪的客人。

大嘴佛藏在四方街街口的一个角落，古色古香的门面，挂着大大小小的各式木牌，上面写着店里的招牌菜，松茸披萨、提拉米苏、有机红酒都是大力推荐的产品，吸引了不少过路行人的目光。

餐厅的室内很小，只提供环绕开放式厨房一圈的高脚单人沙发，这是主人希望能够直接与客人面对面交流食物的心得。餐厅里不允许拍照，柜子上有自家烘焙的黄油红糖饼干和有机红酒出售。

正餐最好提前预订，有各种套餐可以选择，也可以按照人均消费由餐厅负责配菜。除了正餐外，阳光明媚的午后去喝个下午茶也是不错的体验，除了红酒外，大嘴佛的特色饮品不算丰富，值得推荐的招牌甜品是手工提拉米苏。

1 | 2   1.点了一杯普洱茶赠送的手工饼干   2.手工提拉米苏是大嘴佛的招牌甜品

幸福在素食

毛豆和安心都认为，选择素食，就是选择了一种生活方式。他们希望通过素食带给客人的感受是，"清洁您的身体，清静您的心，滋养您的灵魂"。

毛豆坚信，食物决定了人的气质。大嘴佛在食材的选择上以天然健康为宗旨，水果与蔬菜是他们每周五参加沙溪的集市采购来的，自制奶酪都采用本地农户的新鲜牛奶，面包、披萨都是天然酵母酸面团，水源来自大山，罗勒叶、迷迭香等香料则是他们自己种植的。

大嘴佛坚持对食材如此挑剔和讲究，是因为安心认为，"开餐厅的目的是希望更多的人开始关注健康的生活方式、健康的饮食，以便获得更高层次的生命醒悟，乐己乐人"。而毛豆的信仰则是以造物主给的纯洁之心，为客人即兴创作充满生命活力的健康食物。

这种对于有机健康生活的追求，从客人踏入大嘴佛的那一刻就能切身地体会到，整个餐厅的氛围都在宣告这样一种主题理念，"推崇尊重、健康、和平、幸福、旅行、梦想、爱、自然"。

餐厅门口的一块小黑板上写道："您无法买到幸福，但可以买个正宗披萨。"对于大嘴佛来说，幸福可以从一份素食开始。

📍 餐厅资讯

地　　址：大理市剑川县沙溪古镇四方街街口
人均消费：50元
特色推荐：松茸披萨、提拉米苏、有机红酒

仙度拉蒂的两位主人来自台湾省，他们把一种特有的民宿文化带进了古老的沙溪。仙度拉蒂是古镇上价格比较昂贵的一家客栈，然而它的餐厅价格却很亲民。

走进仙度拉蒂，会感受到与众不同的人文气息，恍惚间客人会忘记此时是在沙溪，还是在垦丁。在一家餐厅里同时收获两种不同的文化氛围，真是奇妙的旅行体验。

◆ 餐厅特色

◆ 性价比很高
◆ 自家制作的汉堡胚口碑很好
◆ 植物茂盛的花园

流传在沙溪的秘密

沙溪古镇很小，一天的时间里可以逛几个来回，我在仙度拉蒂门前的青石板路上走过多次，只是偶尔抬头看了一眼他家的招牌，它并不惹人注目。

好在小小的古镇藏不住秘密，继木鱼餐厅之后，仙度拉蒂成为第二家被沙溪本地的老板们反复提起的餐厅。他们告诉我，仙度拉蒂家的汉堡好吃得令人难忘，特别是他家自制的汉堡胚，香脆可口，与平常吃到的不同。

他们的热情推荐引起了我的好奇心。我先是在网络上查询了关于仙度拉蒂的信息，得到的结论是，这是沙溪古镇一家非常高端的客栈，房间价格都在千元以上，最贵的接近3000元。住过店的客人都给了仙度拉蒂一致性的好评，家具都是老板从欧洲和美国淘回来的，其他各类配套设施也极尽完善，配得上高昂的住宿价格。

仙度拉蒂的房间价格里包含了免费的早餐和晚餐，其餐厅便是为住宿的客人配备的，同时也对外营业。在偏僻宁静的沙溪古镇上一家客栈的价格如此之高，让我不禁猜测这家餐厅价格想必也不会便宜。这样的想法使我一开始并没有把仙度拉蒂作为探访沙

外面是并不起眼的招牌，里面却曲径通幽

溪餐厅的重点选择。

　　然而之后的体验证明了古人的智慧，"读万卷书，行万里路"是永恒不变的真理，只有亲身探访过，才有机会接受生活带来的惊喜。

回到台湾乡下的时光

　　进入仙度拉蒂的大门后需要走过一条长廊，两旁栽满茂盛的植物。之后会看到一扇透明的玻璃门，旁边有门铃，来客需要按门铃等待服务生来开门。

　　仙度拉蒂的服务生是一男一女两个很可爱的年轻人，他们都来自台湾省，如今已习惯了沙溪的生活，每天在院子里忙碌，过得悠然、惬意。

　　在走入仙度拉蒂的花园那一刻起，就仿佛踏入了一间垦丁的台湾民宿，没有什么花哨的建筑和华丽的内饰，而是满院子的清新自然。花园很大，但只是摆放了为数不多的几张桌椅，大部分空间都让位给了各式各样的植物，一眼望去，满是郁郁葱葱的花草。阳光洒落到院子里，被大厅前动物造型的玻璃马赛克反射出点点灿烂的光芒，仿佛白天里也有着满天明亮的繁星。

　　枝叶繁茂的植物给仙度拉蒂披上了一层绿色的屏障，两个年轻人每天都会认真打理

261

1 | 2 | 3 4

1. 阳光明媚的餐厅内室　　2. 私密的露台座位适合闺密下午茶
3. 招牌汉堡在沙溪赫赫有名　　4. 鲜奶做的台湾特色奶茶

它们，熟客会发现盆栽常有变化，身在其中能体会到与沙溪古镇不一样的热带风情。花园里有提供给孩子玩耍的滑梯，还有一匹成人也能骑上去的木马。

角落的土壤里有一块区域原本种了小番茄，一段时间后结了果，主人觉得不太好吃，便重新种下了报春花的种子。院子里的石榴树结着沉甸甸的红色果实，藏在浓密的绿叶下裂开了一条条小缝，从小缝里可以看见一颗颗晶莹剔透的红色果肉。

花园的座位区周边种着四棵桂花树，恰逢花期时，坐在院子里煮一壶花茶，享受秋日的艳阳落在肩头的暖意，轻嗅那连绵不断的清香，自有一番"桂子月中落，天香云外飘"的意境。

院子里还有少见的猪笼草，主人有时会采摘下来泡水，说是有滋阴的功效。还有一处埋着地瓜，那是因为主人喜欢吃天然健康的青菜，等地瓜长出叶子来，便用来清炒或是煮汤。

在仙度拉蒂，感受到的不是奢华高调的氛围，而是再自然亲切不过的农家小舍情调，宛若回到台湾乡下的时光。

好吃不贵的私房料理

在台湾省，评价一家民宿是否优秀的标准之一是看他家的私房料理做得如何。通常民宿主人在料理方面都颇具功力，有那么几家的美食还会让人惊喜赞叹，留恋不舍。民宿里的私房料理都是些家常菜，却包含了主人家族里的各种有意义的故事与纪念。

　　民宿的私房料理本身就是一种文化，它是主人与客人之间特有的交流方式，一份回忆的分享，一种温暖情绪的传播。相比较仙度拉蒂高昂的住宿价格，他家餐厅的菜品却便宜得令人感动。一些简单的台湾家常菜主人通常会在院子里就地取材，自家种植的蔬菜，新鲜又健康。而它的招牌汉堡和三明治分量大，制作很用心，服务生会详细询问客人喜欢的口味来选择其中的果蔬和酱汁。

　　沙溪大部分的咖啡馆和餐厅在经营细节上都不太完善，尤其是杯具器皿的选用上很随意，而仙度拉蒂在这方面做得最好，他们的杯子在质感上明显高出许多，给客人带来贴心的感受。

　　最值得推荐的是仙度拉蒂的早餐套餐，价格比古镇上许多咖啡馆的早餐都便宜，但质量上远胜一筹，套餐内的咖啡保证现磨，还可以换成鲜榨果汁。

📍 餐厅资讯

地　　址：大理市沙溪古镇寺登街78号

电　　话：0872-4722321

人均消费：30元

特色推荐：招牌汉堡、薰衣草奶冻、台湾炸豆腐

半闲居餐厅
——偷得浮生半日闲

在这本以文艺范儿为主题的旅行书里，难免有读者会质疑，文艺的情调与当地的美食在现实中真的能够兼顾吗？

不可否认的是，当我们选择了一些新移民开的有情调的餐厅时，难免就会错失本地特色美食。

幸而有了半闲居，这家地道的沙溪本土菜餐厅填补了空缺，这本书才没有留下遗憾。

◆ 餐厅特色

◆ 味道出色的本地菜
◆ 野生菌味道鲜美
◆ 古色古香的氛围

不期而遇的幸福

日本女作家川口叶子说，挑选一家好的店铺有两种方式：一是选择能代表整个街区的名店，由这家店能感受到整条街的个性；另一种是偶遇的缘分，不期而遇的幸福值得珍惜。

幸运的是，半闲居于我来说，兼具了这两个特点。从大理下关到剑川县需要三个小时车程，然后在县城转山间小巴，一路颠簸摇晃才能进入沙溪，当我拉着行李箱步入古镇路口时，早已饥肠辘辘，疲惫不堪。

这时能够恰巧走进古镇上最出色的餐厅，一种温馨的幸福感油然而生。

小桥流水人家

从沙溪车站进入古镇的四方街要经过一条石子路，路的两边各有一条水渠，流水清澈透明，一路发出哗哗的水声，打破了古镇的宁静。

坐在靠街边的位置会有穿越的错觉

偶然看到一个三四岁的小女孩，赤脚坐在水渠边，将胖乎乎的小脚丫伸到清水里，快活地玩着水，憨态可掬。

小女孩背后是一家古色古香的餐厅，木头桌椅，藤编的灯罩，蓝色的扎染桌布，屋檐下挂着的木牌上写着"半闲居"三个字。

午后明媚的阳光照了过来，在餐厅门口洒下一层薄薄的金色，一种恬淡的古典意境不经意间呈现出来，仿若入画。

终日昏昏醉梦间

作为一家经营云南本地菜的餐厅，半闲居的味道十分出色。在大理自然是以吃鱼为主，半闲居里几种鱼的做法都获得了客人们的称赞。麻辣鱼浓香入味，酸辣鱼的鱼汁拌饭值得尝试，而清汤鱼里加入枸杞，鱼汤喝起来别有一股清甜。

除此之外，他家的素炒野生菌值得推荐，食材新鲜，吃起来极为鲜甜可口。半闲居

1
—
2 | 3

1. 茶壶很有古意　　2. 野生菌好吃又便宜，值得尝试
3. 洱海鱼是招牌，不能错过

的菜品都分量十足，价格也不贵，客人们面对美食禁不住陶醉沉沦其中，真有偷得浮生半日闲的趣味。

📍 **餐厅资讯**

地　　址： 大理市剑川县沙溪古镇四方街街口
电　　话： 15887364564
人均消费： 30元
特色推荐： 酸辣鱼、卤肉、素炒野生菌

木鱼餐厅

——独一无二的窗台风景

如果把木鱼放到大都市里，那它的面积小到人们恐怕不会认为它是一家餐厅，可是在面积同样很小的沙溪古镇上，木鱼餐厅却是赫赫有名。

木鱼餐厅提供的都是家常简餐，制作工艺和食材选择上并没有什么特别的地方，但正是它的平凡与朴实给了流浪在外的旅行者一种家的舒适与温馨感，吸引人们一来再来。

◆ 餐厅特色

◆ 地道重庆口味盖浇饭
◆ 文艺情调浓郁的室内设计
◆ 主人在窗外养了一白一黑两只羊

传奇的口碑

到沙溪的第一天，当我还没来得及摸熟古镇上有哪些不错的餐厅时，至少有三位店主向我推荐了木鱼。

我带着好奇心走进餐厅时颇有些诧异，原本以为是一家提供特别菜品的个性餐厅，却不料卖的都是家常简餐，比如十元的蛋炒饭。

老板娘叫Winnie，有人说她来自四川，但也有可能是重庆。Winnie的丈夫叫Tom，美国人，喜欢给客人讲述他背包环游世界时遇到的各种有趣故事，这也使得木鱼成了来沙溪的背包客喜爱的餐厅之一。

中西合璧的美食

Winnie的厨艺很好，回锅肉和宫保鸡丁都是她的拿手菜，到木鱼点一份家常菜盖浇，坐在他家极为美丽的窗口位置吃饭是一件很幸福的事。

1 / 2 3

1. 茶马古道上的老房子　　2. 小狗总是守着门前等候客人　　3. 两只宠物羊

　　木鱼的厨房是开放式的，Winnie做饭的整个制作过程客人们都可以看得到，她做菜时的专注特别打动人，那是一种家的味道。

　　除了传统川菜外，木鱼提供的西式简餐也十分地道，金枪鱼三明治、汉堡、薯条、咖喱、意大利面都美味便宜，颇受国外背包客的推崇。

窗口的美丽风景

窗台上的茉莉花茶

木鱼的室内只能摆放下一张餐桌，其余的位置都在窗台边。那天有两个年轻女孩坐在窗口喝茶，木鱼五元一杯的茉莉花茶让她们赞叹不已，说那是她们喝过的最好喝的茶。

古朴的窗台上摆放着一个土陶花瓶，里面插满粉色与黄色交杂的小菊花，Winnie还喜欢在一个透明小瓶子里单独放上一枝刚刚剪下来的玫瑰，使得整个窗台都有一股清甜的花香。

窗台的位置特别吸引女性客人，她们喜欢慵懒地打量窗外一白一黑的两只山羊惬意地吃草，那是Winnie的宠物。此外，木鱼里有狗也有猫。阳光、玫瑰、茉莉花茶、木头清香，这便是属于木鱼独一无二的窗台风景。

📍 餐厅资讯 ━━━━━━━━━━━━━

地　　址：大理市剑川县沙溪古镇南古宗巷巷口

人均消费：30元

特色推荐：回锅肉饭、牛肉汉堡、自制酸奶

土木厨房
——卢森堡的秘密花园

土木厨房是属于资深沙溪游客的秘密花园，因为它的位置并不在古镇中心的寺登街上，若是匆匆路过的游人会很难发觉它的存在。

旺季寺登街上游人喧闹的时候，不妨悠闲地踱步到土木厨房来，吃一款自制手工冰激凌，与主人聊几句家常，这里依旧保留着沙溪应有的清净自在。

◆ 餐厅特色

◆ 位置偏僻，因此格外宁静自在
◆ 店主来自卢森堡，提供德国口味的西餐
◆ 漂亮有趣的壁画

英俊的外国主人

土木厨房的主人Tom是一位年轻的卢森堡男孩，高大、清瘦、文质彬彬。他笑起来的时候有些腼腆，来中国多年，迷恋中国文化，中文说得很不错。

卢森堡与德国很近，Tom做的菜品更接近于德国口味，德国香肠加土豆泥是土木厨房的招牌菜。有位美国游客去过土木厨房之后在网站上留言，说Tom做的披萨是他吃过的最好吃的披萨之一，他提倡去沙溪游玩的外国游客都该去土木厨房听听Tom的旅行建议。

清秀的白族女孩

土木厨房是一栋两层高的传统白族木质老房子，楼上的小阁楼很安静，靠窗的位置能晒到太阳。餐厅的墙上画着漂亮的壁画，笔法简单有趣，给土木厨房抹上了一层童话的色彩。

1｜2　　1. 芝士鸡蛋意面的口感很醇厚　　2. 自制的马达加斯加香草冰淇淋

Tom大部分时候都会在店里主厨，但当他有事需要外出时，会有一位当地的白族女孩到餐厅里帮忙。白族女孩不善言辞，但同样做得一手好菜，我吃过她做的手工鸡蛋芝士意面，手艺一点儿不输给老板Tom。

童趣的丰富菜单

土木厨房的招牌是手工制作的冰激凌，其中最受欢迎的是马达加斯加香草冰激凌。提到冰激凌Tom便很开心，他会饶有兴致地同客人介绍冰激凌是如何制作的。巧克力慕斯也是Tom的大爱，他根本还是个嗜好甜食的孩子。

除此之外，客人们喜欢点一份土木拼盘，面包、奶酪、火腿、香肠等餐厅里的招牌美食都包含在里面。制作这份拼盘对于Tom来说，就像孩子把自己喜欢的东西放在一起端上来与朋友们分享，他喜欢看到客人们吃得满意的样子。

到沙溪如果没有去Tom的土木厨房坐坐会是一件很遗憾的事，那是远离喧嚣游人最好的秘密花园。

📍 **餐厅资讯** ————————————————

地　　址：大理市剑川县沙溪古镇客运站附近（沙溪客栈对面）
电　　话：13466163430
人均消费：40元
特色推荐：土木拼盘、手工鸡蛋芝士意面、香草冰激凌

后记
AFTERWORD

大理是我十分熟悉的地方，那是我人生中第一次选择一个人旅行的目的地。我与大理有一种天然的缘分，于是常常来这里长住一段时间，每一次都会让我感受到莫名的亲切。在我最彷徨的时候我曾爬到三塔寺的最高处俯视整片洱海，也会在午后坐车到观音塘的后院一个人沉思。我甚至还在大理开过店，享受过一段不长不短的"大理人"岁月。

当我得知我的第一本旅行书是关于大理时，我再次感叹了命运的奇妙。这一次来到大理，与往日的心情是不同的。林清玄先生说："同一个风景，你在桥上、楼上、山上、云上看来却是完全不同的。那是因为你愈来愈高远，愈来愈辽阔了……我们的心要往更高的地方走。"是的，这一趟大理之旅，我的心走向了更高的地方。我走遍了大理许多的地方，从双廊到喜洲、从金梭岛到古城，还有沙溪古镇，认识了新朋友，经历了太多我一生都难以忘怀的感动。每走过一个地方，就仿佛经历了一段人生；每住进一家客栈，就如同领悟了一层境界。这样说或许有些矫情，却偏偏又那么真实。这些都是我这一趟大理之旅切切实实的收获。

感谢安曼达客栈的小静，你亲手调制的石榴汁是我最思念的味道；感谢海地生活客栈的卷卷，永远记得我们在雨夜里行走在双廊古镇上的快乐；感谢解花隅客栈的李姐，你的关心是我旅途中最温暖的回忆……还有太多我无法一一写出的名字，你们的每一分善意汇聚成了这本书中最动人的那些细节，是属于你们，也是属于我永恒的记忆。

最后，真挚地感谢《旅游圣经》编辑组，我曾以为自己的第一本书一定是以小说的方式面世，却不料这份意料之外的工作机会圆了我另一个梦想。或许很多年以后回过头来看，这本书在我的人生道路中会有着不可替代的重要意义。有本书中说"人生如是如是，但不只如此如此"。感谢这本书给我的生命带来另一种可能，让我在另一层境界中看到更开阔的风景。

小　爱

因大理市洱海周边地区自2016年开始进行综合治理，本书有些店铺可能暂停营业，由此带来的不便，敬请谅解。